Elvis Occ

nueva Derecha Popular

Un relato

Si buscamos las razones de un fenómeno social, la conclusión inicial inducirá a creer en la recurrencia histórica o la repetición misteriosa de alguna notable circunstancia que se agazapa entre el tiempo y el espacio infinito.

Toda patria es única en su conjunto como también en individualidades y esto debido a una serie de factores externos e internos. Es algo así como el resultado de muchas y variadas voluntades a todo nivel.

También es el hogar de patriotas de todo origen y condición que contribuyen al engrandecimiento de ese rincón del mundo el cual atesoran como suyo. Es el terruño de hombres y mujeres que creen sin perder la fe, que luchan sin merma alguna de coraje, que defienden su tierra y los suyos con la vida misma.

Son jóvenes que se nutren de costumbres y tradiciones ancestrales cobijadas por su nación. Porque al final siempre son y están los que se esfuerzan con un sentimiento sincero de orgullo y pertenencia, hasta lograr su realización como hombres y mujeres de éxito, de bien.

Nuestra patria y la de nuestros descendientes exigen un renovado y vigoroso Estado, premunido de un sistema de gobierno ágil y moderno, acorde con las exigencias del siglo.

Los diferentes estamentos gubernamentales, deben trabajar con sapiencia analítica, pero también con pragmatismo donde sea necesario y sin por eso rendirse ociosamente al presente fácil. La moderna república tendrá a su disposición, los poderes conferidos por el pueblo en su más depurada forma operacional, satisfaciendo así las expectativas de eficiencia práctica y orden técnico. Todo esto es propio de un efectivo aparato estatal al servicio de los intereses y objetivos de una política de estado idónea, coherente con su horizonte.

Liberemos al gobierno de las regulaciones desfasadas y junturas escleróticas que le impide servir satisfactoriamente a quienes lo eligieron para tan noble fin. Es nuestra obligación materializar el proyecto de impulso económico armados de un aparato estatal enérgico, firme y raudo a implementar decisiones que no se pierdan en los meandros del protocolo burocrático y la demagogia parlamentaria.

Es importante estimular la investigación, producción y comercialización de nuestros productos agropecuarios e industriales, como también de materias primas para poder competir en igualdad de condiciones en el mercado internacional. Por eso se vuelve impostergable reinventar en contenido, infraestructura y aplicación a las cuatro columnas de esta estrategia: educación, salud, comunicaciones y asimilación tecnológica. La consecución de tal fin requiere la participación de los protagonistas más visibles del horizonte científico, intelectual, político-técnico y económico del país, de forma tal que conocimiento, experiencia y autoridad en conjunto garanticen la viabilidad y optimización de las opciones evolutivas acorde a los tiempos actuales. Es lo conveniente, es lo necesario y será lo vital para nuestra patria.

CAPITULO PRIMERO

CAMINANTE NO HAY CAMINO

"Cuando la gente de bien renuncia a participar en política, los pillos se animan a ser gobierno"

Después de muchas llamadas telefónicas y conversaciones por Internet, Erasmo y yo, acordamos reunirnos en un café. La reunión era para discutir detalles del plan que me proyectaría como candidato del aún joven movimiento de nueva derecha el 2010. El acuerdo era simple y aparentemente accesible: él pondría sus numerosas conexiones y comprobada experiencia para la campaña electoral mientras yo contribuiría con unos modestos pero significativos dos mil dólares, además de mi entusiasmo y férreas convicciones políticas. Esos dos mil dólares serian apenas para financiar parte de la estrategia. Una especie de cuota inicial que confirmaba mi compromiso, una dote que me desposaría con la política.

La cita no fue completamente a ciegas. Tuve la precaución de averiguar acerca de Erasmo. Indague sobre sus credenciales como estratega de campañas electorales y para sorpresa mía, toda su fama -aunque de dimensiones locales- eran ciertas. Este personaje también había sido profesor en una de las universidades más convulsionadas del país que por los años 80 funcionó como invernadero de terroristas, y desde donde salió una parte importante del demencial grupo terrorista Sendero Luminoso. Aun hoy recuerdo aquellos fatales días cuando las universidades públicas (y algunas privadas también) eran centros de adoctrinamiento marxista, una especie de fumaderos de opio ideológico. Los jóvenes terminaban lobotomizados por la prédica del comunismo, y enarbolaban enajenados la extrema violencia y el asesinato como sustento del accionar político que según ellos, buscaba la justicia social.

Más de una Universidad nacional sirvió de centro de acopio y adiestramiento a futuros miembros de las células terroristas. Estos apátridas precipitaron al país al borde de categoría de "Estado Fallido" y para eso contaron con cómplices que bajo el caritativo nombre de "Círculos de Apoyo" proveían a los terroristas de información, medicinas y víveres. Sorprendentemente, aquellos comunistas "jóvenes turcos" de ayer pasaron a ser con los años acomodados personajes públicos, columnistas de medios y opinólogos estrellas. Atrás quedo su facinerosa militancia en partidos clandestinos y terroristas para hoy regentar sus ONGes. Se esconden tras la fachada de los DD. HH. o "defensores" del medio ambiente. Hoy en día son una peste parasitaria conocida como mamertos, progres o caviares y cuyo negocio es limosnear dólares y euros del exterior en forma de donación, dizque para asesorar legalmente a víctimas de la represión militar. Lo curioso es que esas "victimas" son confesos asesinos y ex miembros de alguna de las muchas células de aniquilamiento que asesinaron a sangre fría a autoridades políticas, como también heroicos miembros del ejército y la policía.

Estas modernas organizaciones ya no reciben fondos del comunismo mundial como en los años dorados de la Guerra Fría. Hoy son financiadas por inocentes y algunas no tan inocentes fundaciones europeas y millonarios excéntricos que apoyan cualquier movimiento con apariencia de noble causa social en los confines subdesarrollados del mundo. Es la sempiterna fascinación del hedonista con el noble bruto.

Esas eran mis reflexiones mientras esperaba en el café Concorde la llegada de Erasmo. El día relucía y el lugar empezaba a llenarse de gente. Me sentía algo confiado. En mis investigaciones pude hallar información interesante que confirmaba la participación de Erasmo como jefe exitoso en un par de campañas electorales. Inclusive había sido premiado en más de una ocasión con puestos de importancia en algún gobierno municipal, aunque por razones que no me quedan muy claras, Erasmo terminaba siempre despedido a los pocos meses. En fin. Debo decir que el hecho que Erasmo no tenga ninguna simpatía por la izquierda, era ya para mi, credenciales a tomar en cuenta.

El café Concorde está cerca de mi oficina, en Santa Ana, California. Lo prefiero por el buen café pero sobre todo porque está ubicado de manera tal que al mediodía se puede tomar un café sin correr el riesgo de perecer calcinado por el sol californiano. Erasmo llego según lo acordado, era un tipo de baja estatura y contextura gruesa. Lucía una lustrosa calvicie donde el sol reflejaba sus brillos intensos. Iniciamos un corto diálogo de introducción que nos permitió conocernos muy rápidamente, y luego pasamos unas horas de conversación intensa en torno a su estrategia electoral para las próximas elecciones municipales, y sobre todo, la manera misteriosa en que yo encajaría en tal proyecto. Al cabo de unas horas acordamos reunirnos en una segunda ocasión, aunque debo decir que para mí las cosas ya eran lo suficientemente claras. Erasmo había resultado ser todo un personaje. Poseía la astucia de un zorro pero además dejaba la sensación de que participaba en las elecciones con el entusiasmo de un ansioso mercader. Presentía que él, como tantos otros que conocí, había ingresado a la política con muy buenas intenciones pero una vez adentro, prefirió seguir por el ancho camino de la codicia personal. Eso me dejó mala espina.

¿Cómo llegué a Erasmo? Por recomendación de Oscar, un gordito que por unos meses me orientó al inicio de esta aventura política, pero que muy pronto me hizo saber -con una honestidad inusitada- que no podía servir a dos amos a la misma vez. Oscar estaba comprometido con el fujimorismo. El movimiento "Fuerza 2011" fundado por Keiko Fujimori, hija del ex presidente que se había propuesto recolectar un millón de firmas a pesar que necesitaban mucho menos para inscribirse como partido y participar en las elecciones. Oscar estaba encargado del Oeste de la ciudad (área donde yo era candidato) y eso lo colocaba en una posición incómoda. Pero me puso en contacto con Erasmo.

Ciertamente Oscar trató de involucrarme en la causa fujimorista pero mis ideas liberales estaban muy bien apostadas en la derecha y alejadas de alguna clase de ideología fujimorista, si es que en verdad había algún tipo de ideología en el fujimorismo. Mi objetivo era propagar la idea de una nueva derecha, una corriente política que representaría a la derecha popular, a esa gente que sin saberlo, ya vivía en su día a día tales principios. Solo había que demostrarles que su estilo de vida laborioso, sus ambiciones personales por el éxito, su capacidad para competir en el mercado y en la vida mejorando cada día eran ya, por sí mismas, los principios liberales con que sustentaríamos la nueva derecha. Ellos, la derecha popular, sus valores y tradiciones serían los cimientos sobre los que se construiría el movimiento.

Más tarde encontré nuevamente a Oscar y lo puse al tanto de lo conversado con Erasmo y mis impresiones sobre él. Para entonces ya había decidido no confiar tan delicada empresa a una persona cuyo estilo de vida no compaginaba con el mío. Al final decidí hacerme cargo personalmente de todo. Así fue como tuve que llevar a cabo los trámites de constitución del partido y toda la campaña por mi cuenta y riesgo, con la desinteresada contribución de algunos simpatizantes y amigos cercanos.

En una tertulia al atardecer Oscar comentaría que él había recomendado a Erasmo ser mucho más cuidadoso con las formas y estilos de su proceder porque yo era un tipo recto y de derecha, pero al parecer tal sugerencia cayó en saco roto y terminó primando el interés metálico de Erasmo.

A decir verdad, las largas charlas que sostuve tanto con Oscar como con Erasmo, sirvieron para confirmar que lo mejor y más sano sería tomar personalmente las riendas de la campaña electoral desde un principio. Era menester evitar desviaciones de cualquier tipo. Sin embargo, aún me faltaba hacer una última pero importantísima consulta y quizás con el único viejo y conocido personaje político que no mentiría por congraciarse conmigo o por lograr un rédito monetario: mi padre.

Don Magno Occ Chávez, mi padre, es en parte responsable de mi atracción por la cosa política y es que cuando apenas tenía yo 7 años, di mis primeros pasos en esta ingrata y a veces peligrosa actividad. Los que conocen a mi padre, hoy un dedicado cristiano evangelista, saben que en su época fue un denodado y formidable dirigente sindical de ideología marxista y ateo a ultranza.

Por allá por los 70s, llegaron a la humilde casita donde moraba mi familia, (Barrios Altos) un grupo de jóvenes universitarios de la Universidad Nacional Mayor de San Marcos, preguntando por el camarada Occ. Esa noche, mi papa y sus jóvenes compinches, tenían planeado pintar paredes con frases de protesta contra el Gral. Juan Velasco Alvarado. Presidente y dictador tras un golpe de estado, y quien procuraba con su discurso y esfuerzo revolucionario, obtener la bendición de los caudillos de izquierda. La ilustrada y fenicia derecha de aquel entonces, rápidamente se percató de las intenciones socialistas de este militar rojo y dio un paso al costado salvo algunos urgidos oportunistas.

Si tomamos en cuenta que estábamos a pocas cuadras del Cuartel Militar Los Barbones, con las garantías constitucionales suspendidas y con toque de queda vigente, el plan se antojaba por decirlo menos, audaz. Al notar mi curiosidad y aprovechando un ligero descuido de mi madre, la única joven mujer camarada del grupo de estudiantes, me cargó en brazos y cual amuleto de buena suerte me llevó con ellos.

Mi padre escuchó con atención mis planes políticos de renovar o desechar la vieja derecha creando una nueva derecha y de composición popular, con participación de la gente joven que ya no estaba tan cerca de la prédica del marxismo como antaño sino de la fascinante tecnología del momento. Para empezar mi padre vio con agrado ese interés por la política como por mis intenciones de participar en las próximas elecciones municipales. Incluso festejó mis ideas innovadoras, pero me previno de andar con cuidado y hacer una que otra pausa para que la lucha electoral sea menos agotadora. Con la venia del antes dirigente sindical y la bendición del hoy "hermano" Magno, pero más que nada premunido del más desinteresado y sincero consejo que un padre pueda darle a su hijo, me lancé a la arena. Esa tarde partí más energizado, más convencido y con el claro objetivo de iniciar los trámites y registrar mi candidatura a la alcaldía del distrito. Yo sería el candidato del liberalismo pragmático, de la nueva derecha, de mi gente, de la derecha popular. Sería la otra alternativa para los votantes del Este de la capital del país, de esos emprendedores y trabajadores que conforman la derecha popular en estos tiempos.

A poca distancia de la casa donde vive mi madre, encontré a un amigo de la infancia, que por ese entonces se encontraba desempleado, y lo convencí para que me asista en los pormenores del ajetreo legal. No puedo quejarme, pues su aporte fue importante debido a la entrega y energía que imprimió al proyecto, pero desafortunadamente –más para mí que para él- un buen día lo llamaron para reincorporarse a su empleo anterior en un almacén de importaciones y así concluyó su corto pero laborioso apoyo a la campaña.

Con el devenir de los días, semanas y meses, muchas personas más se iban enterando de mi proyecto político. Entre ellos hubo alguien que se interesó de sobremanera en mis intenciones por ser alcalde. Se trataba del Sr. Arista, un Guardia Civil retirado, quien en sus años mozos sacrificó tiempo y dinero en beneficio del barrio, siendo un dirigente vecinal que trabajó por la comunidad sin intereses subalternos y con una entrega muy sincera al servicio público. Este compatriota era uno de los nuestros, uno de los ciudadanos de derecha que necesita una nación en desarrollo como Perú, pero que lamentablemente escasean.

Para mi sorpresa, llegaron algunas invitaciones a conferencias y entrevistas radiales, lo que me sorprendió gratamente ya que no era muy conocido en la fauna política local. En algunas ocasiones, haciendo uso de mis modestas dotes pedagógicas me vi en la agradable necesidad de explicar lo que yo entendía por liberalismo pragmático a los curiosos e interesados asistentes, y de cómo este le infundió preeminencia política a la derecha popular.

Primero fue necesario hacer una síntesis de lo que es el liberalismo desde un punto de vista lego y popular, es decir, de lo que significa ser liberal en la vida cotidiana de estas personas. Me tomó por sorpresa comprobar lo poco que se sabe acerca del liberalismo. Ni siquiera han escuchado el término. Lo que es peor, las organizaciones de izquierda han difundido mañosamente una imagen demonizada de la derecha señalándola como el enemigo a combatir. Otros se hacen llamar "liberales" utilizando un nombre de moda por simple estrategia de marketing político. Hubo que explicar pues que los liberales respetamos el estado de derecho, la Constitución, la libertad, la propiedad privada, el libre mercado, el gobierno reducido y la división de poderes. Pero sobre todo había que explicar que creemos en la igualdad de derechos mas no en el igualitarismo, creemos que la responsabilidad del desarrollo recae en las personas y no en el Estado, creemos que es la empresa privada el motor del desarrollo de una nación y que el Estado está al servicio de los intereses del país como país, y no al servicio de clases ni de proyectos asistenciales políticos. Había que dejar en claro que los liberales defendemos el sistema republicano y el imperio de las leyes, la libre opinión del ciudadano y la alternancia en el gobierno.

Pero también había que decir algo sobre el pragmatismo ya que mi plataforma de lucha hacía referencia a un liberalismo pragmático.

A pesar de que pragmatismo viene del vocablo griego "pragma", que significa cosa práctica, explicar el pragmatismo como una manera de entender la política resulta algo complicado. Pragmatismo es una corriente filosófica, una forma de pensar y vivir. Cuenta la historia que ya en la antigua Grecia existía una forma elemental de pragmatismo cuyos tempranos representantes serían filósofos como Sócrates y Aristóteles entre los más sobresalientes. El periodo histórico de la humanidad conocida como Renacimiento trajo consigo la vuelta del pragmatismo rudimentario pero útil para ese entonces pues alimentaria el retomar de estilos, procesos y sistemas de sabida efectividad. Leonardo da Vinci fue el más insigne representante del pragmatismo felizmente aplicado a la inventiva y en beneficio de la ciencia. Sin embargo fue Emmanuel Kant quien esbozó el pragmatismo como una asociación de pensamiento y experiencia que podría calibrar valores científicos y filosóficos. Charles

Sanders y William James sentaron las bases filosóficas del Pragmatismo en la Norteamérica de finales del siglo XIX, ellos son los padres del pragmatismo, quizás la única corriente filosófica nativa de América y el cual constituye hasta hoy el espíritu de la derecha popular norteamericana.

Pragmatismo resulta más desconocido que el Liberalismo para el común de la gente. Sin embargo el pragmatismo es uno de los ingredientes más comunes en la forma de ser de la mayoría de las personas pues está en el carácter de casi todos. ¿Pero cómo explicarlo? Es una forma de ser y hacer pensando tan solo en los efectos prácticos de la tarea. En el pragmatismo preferimos las cosas que al hacerse tienen efectos prácticos concretos, inmediatos y directos, pero sobre todo, ofrecen soluciones efectivas a problemas reales. Esto significa que tanto los problemas como las soluciones y sus resultados son medibles. Por ello es posible descartar las malas ideas con prontitud. En el pragmatismo no se da ese amor idílico hacia las ideas, por más bellas que estas sean, y por más ricas que sean las palabras con que se describen. Conceptos abstractos como licencia social o libertad de opinión carecen de todo sentido si no se perciben en hechos concretos de la vida diaria. El pragmatismo nos impide pues idolatrar regímenes que en nombre de la justicia social y de los reclamos de unos pocos, condenan a un pueblo entero a la miseria y al antagonismo social. Si el bienestar no es tangible para las mayorías, si el desarrollo económico, cultural y político no es visible y medible, no hay régimen que merezca ser defendido aunque sostenga los más bellos ideales con métrica y rima perfecta en su manifiesto.

El liberalismo pragmático sostiene que la efectividad y conveniencia de un sistema político o una política de estado deben ser medidas de acuerdo al éxito que tengan en incrementar razonablemente la calidad de vida. Así de simple. En el ser humano existe un componente práctico y realista que debería ocupar la mayor parte de sus ideas. Es decir, las ideas deben surgir de la realidad y no de los idearios. Pero además las ideas deben servir para mejorar la vida y no los idearios. El pragmatismo nos impide pues extraviarnos en el paraíso ideológico y en el desvarío metafísico de los ideales ilusos y poco prácticos.

Tomemos como ejemplo el campesino que prioriza la siembra más redituable sobre otras, el no necesita teorías económicas ni sociales. El artesano que mejora su producto atendiendo a las exigencias de sus clientes o el ambulante que ajusta sus precios a las condiciones del mercado, de la oferta y la demanda, son ejemplos visibles del espíritu liberal y pragmático. No hacen falta pues filosofías sociales complejas ni teorías económicas exquisitas para que la gente de la calle entienda lo que es el pragmatismo. Es exactamente todo lo opuesto al idealismo social de la izquierda fundado en un estado regulador. Los trabajadores que son dueños de su trabajo y del producto de su trabajo, saben que en tanto sean dueños de su libertad y propiedad individual, podrán enfrentar cualquier reto, siempre que el Estado no se interponga entre ellos y el éxito. Es por tanto que la mayoría de la gente trabajadora y emprendedora en el mundo de hoy halla acomodo político como miembro de la derecha popular, pues la mayoría confía más en su propio esfuerzo que en la burocracia estatal que es incompetente y en otras veces corrupta.

El liberalismo pragmático no promueve ningún tipo de fanatismo ideológico. No hay por ello muertos a causa del pragmatismo como los hay en el idealismo delirante de la izquierda. Puesto que no somos prisioneros de ninguna doctrina salvadora, no nos sujetamos a los textos sagrados de ningún profeta salvador del mundo, no adoramos líderes mesiánicos que nos garanticen la felicidad si los seguimos, no soñamos con paraísos idílicos de justicia social y de igualdad, no tenemos nada más que esperanza en el esfuerzo individual del hombre libre. Por ello nuestro principal compromiso es defender al ciudadano de toda forma de poder totalitario.

Cuando finalizaba mis ponencias, yo notaba que mis oyentes quedaban sorprendidos por lo novedoso de mis planteamientos, que a decir verdad no lo eran mucho. La izquierda había difundido tantas leyendas negativas y flagrantes mentiras acerca de la derecha, que a fuerza de repetirlo por décadas el pueblo la tenía por verdades. Esas ponencias serían los primeros pasos hacia una tarea mayor que ocuparía mis pensamientos durante los siguientes años.

¿Entonces, que es el liberalismo pragmático? Para aquellos que quisieran una cátedra al respecto, acudan a Gary Gutting, Profesor de Filosofía de la Universidad de Notre Dame. El resto, mis hermanos de la derecha popular, continúen leyendo este humilde y accesible escrito, quizás mis vivencias grafiquen en algo la razón de ser de una nueva derecha, combativa y actualizada.

Recomendable leer...

"El francés Guy Sorman propone al menos tres elementos que deben diferenciar a la nueva derecha: El primero es ser realista, por consiguiente práctico y pragmático en total contraposición a la utopía socialista; el segundo ser creativos a la hora de resolver un problema social; el tercero, respetar el principio de la responsabilidad personal como único valor en el ámbito de la política" (Voz Liberal del Peru, *La nueva derecha peruana si va*).

"La nueva derecha tiene militantes, es la derecha popular. Ese sector está compuesto por esforzados connacionales, individuos de todas las ocupaciones y profesiones. Compatriotas para quienes los viejos partidos políticos y sus eternos líderes ya perdieron credibilidad y a quienes no les tienen la más mínima confianza. Y es que la derecha popular cree en los valores morales, en el orden, las leyes, el respeto, la meritocracia, las tradiciones, la rentabilidad, la productividad y la competencia. De principios religioso pero también pragmáticos y realistas. La nueva derecha es joven y revitalizadora" (Voz Liberal del Perú, *La pregunta del destino*).

"El liberal pragmático en cierta forma es indiferente respecto a la justificación teórica que se emplee para defender los valores que él considera irrenunciables: la dignidad de la persona, la libertad, la autonomía de la razón. "El genio del liberalismo político ha sido proporcionar un marco en el cual incluso aquellos que no están de acuerdo sobre concepciones sustantivas del bien humano pueden participar en una discusión política provechosa, siempre y cuando estén de acuerdo en la necesidad de preservar las libertades mínimas" (Moris Polanco, *El liberalismo pragmático de Gary Gutting*).

CAPÍTULO SEGUNDO

ES CUESTION DE SENTIDO COMUN

*"No sé con certeza que hace que un país sea
exitoso en corto tiempo, pero sí sé que lo
llevaría a la ruina de un día para otro:
socialismo"*

Mi familia proviene de la parte nororiental
del país, zona montañosa donde vive una
importante cantidad de peruanos dedicados a
trabajar básicamente en el sector
agropecuario. Los imponentes restos
arqueológicos de Kuélap son una prueba
irrefutable que ese lugar, por remoto que hoy
nos parezca, alguna vez fue de importancia
capital para los antiguos peruanos,
Chachapoyas o Incas. De aquellos tiempos de
prosperidad no han quedado más que dichas

ruinas que aún hoy no son reconocidas en toda su grandeza.

Transcurrieron siglos de olvido y abandono, hasta que afortunadamente una nueva generación arribó a estos parajes para quedar maravillada ante la grandeza de sus antepasados. La presencia del Estado en esta parte del Perú empezó hace muy poco tiempo, cuando llegaron los primeros funcionarios del Censo Nacional cargando sus padrones, para luego desaparecer por donde vinieron. Cuentan que había una guarnición de la FFAA cuya presencia apenas si se dejaba notar. Por todo ello mi sorpresa fue mayor cuando un día del 2003 encontré por fin una comisaría con todo flameando en el centro de lo que parecía ser la nueva plaza principal; la bandera nacional.

Mi padre fue un campesino en su juventud. Un hombre del campo, siempre lleno de energía y sueños, pero cuando perdió la cosecha nuevamente a causa de las torrenciales lluvias que por épocas afecta esta zona, perdió la fe. Era la segunda vez que esto le ocurría y decidió que también sería la última. Consideró que no podía vivir a merced del clima, y ya que él no podía hacer nada al respecto hizo lo que sí podía hacer: tomó la determinación de cambiar su estilo de vida. Como hombre trabajador que confía en su propia capacidad no buscó ningún tipo de ayuda del gobierno, que para ser honestos, tampoco existía. Así que dejó todo atrás y partió en busca de un nuevo destino confiando en que podría salir adelante armado de mucho empeño y determinación.

Solo había que hallar un ambiente más favorable, aunque fuera completamente diferente. Viéndose en la necesidad de buscar una actividad más redituable que la de campesino, resolvió enrumbar con dirección a la costa. Tal decisión lo convirtió en un migrante de los tantos por ese entonces. Empezó con un empleo en la construcción de carreteras para terminar finalmente en una fábrica del puerto más importante del país. Este tremendo salto dado por mi padre demostraría una vez más que el ser humano tiene una innata inclinación hacia la mejora en su modo de vida, que va también fortalecido por un individualismo natural. "Si la montaña no viene a Mahoma, entonces Mahoma va a la montaña".

No debemos quedarnos en una actitud contemplativa y resignada ante la miseria o cruzarnos de brazos en espera de que las condiciones que nos rodean cambien por sí solas. El hombre puede transformar su entorno y aunque esta capacidad tenga un límite aún no sabemos cuál. Como decía mi padre: el hombre no puede controlar el clima pero puede evitar que el clima lo controle a él. Las grandes transformaciones que crean entornos productivos a veces requieren el concurso de fuerzas mayores, como la capacidad que tienen las grandes empresas con tecnología y capitales. Esta es la opción más rápida y eficiente. También queda la posibilidad de que el Estado apoye la organización comunal para emprender mejoras. Pero para esto primero tiene que haber organización comunal. Lo peor que puede ocurrir, es que el Estado se haga presente con eternos programas sociales de ayuda económica, porque eso precisamente destruye las bases de la productividad y es que mata el germen mismo de la iniciativa propia.

La historia migratoria de mis padres se repetía constantemente por esos tiempos, alentada por el simple instinto de supervivencia y de progreso, que es la expresión más genuina del espíritu humano. Es una fuerza interior que nos impulsa a mejorar y que el comunismo despreció convirtiéndolo en conformismo o lo que es peor: resignación. Nada hay de condenable en ese empeño individual por surgir y superarse. Se trata de una expresión muy natural de la vida. Una fuerza que ha sido el motor del desarrollo de muchas naciones y la humanidad entera. Al hombre solo hay que garantizar la libertad para tomar sus decisiones, permitirle crecer, desarrollarse y proteger sus logros. Es deber del estado proteger y alentar los emprendimientos individuales o grupales de sus ciudadanos.

Desde niño fui casual testigo de cada etapa en el desarrollo socioeconómico de mi padre. Años más tarde encontré un libro de Walter Whitman Rostow, un economista norteamericano que propuso una teoría del

"Desarrollo por Etapas" dividida en cinco: Sociedad Tradicional, Condiciones de Impulso Inicial, Despegue, Madurez y finalmente, Consumismo. Yo creo que cuando mi padre abandonó la Sociedad Tradicional rural y campesina para viajar a la ciudad y terminar trabajando en una fábrica, pasó sin quererlo a ser un componente de la segunda etapa de Rostow: Condiciones de impulso Inicial. Trabajar en la construcción de carreteras era un trabajo muy duro y brutalmente agotador, donde el día a día venía aparejado de peligros debido principalmente a la geografía caprichosa de la montaña. Mi padre prefirió ser obrero.

Mi madre, muy a su pesar, tuvo que vivir en tiendas de campaña habilitadas para las esposas de los trabajadores, a los cuales seguían según la ruta trazada por los planos. Cuentan que mi padre solía montar a caballo y en uno de esos trotes por el campo cargó conmigo, envuelto en su grueso y largo poncho ocre. Más tarde contaría entre risas, que al momento de espolear al caballo, éste reaccionó con tal furia que lo arrojó, rodando ambos por una pendiente. Afortunadamente todo no paso de ser solo un susto y uno que otro arañón. Esas eran las condiciones en que vivían aquellos hombres y sus familias por soñar con un futuro mejor, hasta un simple paseo a caballo podían terminar en tragedia.

Pocos meses después de haber trabajado bajo condiciones tan inhumanas y sobre todo, con un salario que no satisfacía las expectativas, mis padres, una vez más, decidieron abandonar esa parte del país y mudarse a la capital. Era la continua búsqueda de mejores condiciones de vida. Así y sin proponérselo pasaron a engrosar la población obrera provinciana de rápido crecimiento por esos días. Poco tiempo después mi padre fue empleado en una de las más exitosas fábricas de la zona industrial, misma que después de 30 años de funcionamiento cayó víctima de su falta de modernización. La fábrica vivía tan confiada bajo la protección del Estado y del mercado cerrado impuesto por el gobierno. Ese fue el epitafio.

Cuando el nuevo régimen establecido en 1980 abrió el mercado y comenzó la libre importación, causó la quiebra de muchas empresas debido básicamente a que estas no estaban en condiciones de competir con el mundo tras 12 años de aislamiento tecnológico. Se habían confiado en su posición ventajosa al tener un mercado cautivo, por tanto no se modernizaron ni mucho menos ejercitó su flácido músculo competitivo. Cuando llegó la competencia simplemente fueron rápidamente barridos del mercado. Esta situación ocasionó la pérdida de muchas fuentes de trabajo y la quiebra de varias empresas manufactureras. El descontento social era general y extendido.

Todo gobierno debe tener una visión clara de las consecuencias que podría traer su política económica, tanto a mediano como a largo plazo. Es lo ideal. Es lo razonable. Asimismo, es su deber analizar en primer lugar el impacto de sus políticas económicas en la población laboral, y el tiempo que el sector privado tardará en asimilar un nuevo giro. Ciertamente es imposible llegar al conocimiento cabal de todas las consecuencias, porque en el mundo de la economía y la política hay muchos componentes aleatorios que no se pueden medir ni prever. Tampoco se puede pretender actuar sobre las posibles consecuencias procurando que estas no se perciban, pues esto conlleva por lo general a la parálisis y el caos.

El miedo a las consecuencias negativas de una medida es lo que paraliza a muchos políticos. Pero en ocasiones es indispensable tomar medidas drásticas que corrijan las distorsiones y confiar en que el mercado y la sociedad harán lo correcto para adaptarse al nuevo escenario. Lo que un gobierno pragmático y responsable puede hacer es actuar sobre principios comprobados de buena gestión y no con la mente puesta en las encuestas de popularidad. Queda muy poco por descubrir y por inventar en el mundo de la economía y de la política. Ya se sabe qué es lo que funciona y qué es lo que fracasa. Los países que cierran sus mercados con políticas proteccionistas extremas son los que fracasan. En cambio los que se preparan y abren al mundo para competir y ganar mercados, son los que salen adelante y alcanzan el desarrollo. Ejemplos tenemos de sobra.

Pero es necesario desmitificar la propaganda socialista en contra del liberalismo. Esto es importante ya que si en algo es bueno el socialismo y similares marxistas, es en el uso de la propaganda, en el montaje de psicosociales y en la mentira artera. Por ejemplo, toda política de Estado que apueste al progreso de una nación sosteniéndose tan solo en la depredación de sus recursos naturales no es liberal y mucho me temo que esta sea la raíz de los conflictos ambientales. Los inversores mineros son acusados de todas las calamidades posibles contra el ambiente. Las empresas mineras en veces, incluso cargan con la culpa del abandono y la desidia del Estado. Por ejemplo, se responsabiliza a las compañías mineras por las carencias que subsisten en las zonas donde se extrae minerales y se les exige que provea por beneficios que atañen al Estado.

Las compañías mineras han aportado más de la mitad de los ingresos del Estado en algunos países durante el último siglo. No es poco. Incluso en la primera década de este siglo, gracias al buen precio de los metales, la minería ha sido la mayor responsable del súbito crecimiento de la caja fiscal, la que ha llegado a niveles antes inimaginables. Pese esto, la izquierda exige mayores impuestos a la minería, poniendo en riesgo la competitividad del país como sujeto de inversiones rentables. Además se ha desatado toda una histeria ambientalista (encabezada por ecocomunistas) contra las compañías mineras. En realidad la protesta debería ir dirigida contra el Estado que es quien no ha sabido negociar, fiscalizar o hacer respetar las leyes. Al menos una parte de los ingentes recursos que percibe el Estado de parte de la minería debería ser destinada a una supervisión más estricta de la actividad minera, y otra parte al mejoramiento de las condiciones de vida de las poblaciones aledañas. Pero no ocurre ni lo uno ni lo otro y eso no es culpa del liberalismo ni mucho menos de los consorcios mineros.

La ineptitud del Estado se torna en tierra fértil para los grupos ambientalistas (muchas veces financiados por otra compañía minera) y para la izquierda quienes se ven justificados en su ataque a la minería y a la política de apertura a las inversiones. Las ONGes ambientalistas que están plagadas de comunistas convertidos recientemente al ecologismo anti minero son los más activos. Tienen una organización que da escalofríos, no solo a nivel nacional sino que incluso cuentan con soporte a nivel internacional. Están bien financiados y se dedican a publicar sus ideas en todos los medios de difusión. Inclusive, tienen publicaciones propias y gozan de auspicios de la ONU y algunas agencias ambientalistas para realizar sus paneles y conferencias. Todo este tinglado bien estructurado genera en el entorno social un cúmulo de ideas que no son más que falsa propaganda. Es muy difícil y laborioso refutar la mayoría de sus afirmaciones tremendistas porque, al igual que los brujos, nos pedirían demostrar que los hechizos no existen.

Hay dos clases de recursos naturales que deben tratarse de distinta manera, a saber: los renovables y los no renovables. En cualquier caso hay que tener un cuidado muy estricto con el medio ambiente, tratando de mitigar en lo posible el efecto negativo de la explotación de nuestros recursos a la naturaleza. Para esto tenemos que apoyarnos en la ciencia y la tecnología y rechazar los discursos inflamados de los grupos ecologistas donde se cobijan muchos de los comunistas fracasados. Los izquierdistas o similares, suelen oponerse a las inversiones, pues al final, cuantos más pobres existan, más agua para sus molinos, más votos.

Los recursos renovables deben ser cuidados. Los bosques deben ser sembrados, los recursos marinos protegidos mediante vedas preventivas, etc. También en estas tareas nos apoyamos en la ciencia y en la tecnología, no en los intereses de grupos económico-políticos.

Error fatal para una nación es depender de tan solo los recursos naturales, por muy abundante que este sea. Venezuela, apostó por la extracción intensiva del petróleo que poseen, descuidando otros sectores de la industria nacional, tanto que al día de hoy representa el 90% de sus exportaciones. El día que caiga el precio del petróleo, los países dependientes de tal hidrocarburo, tendrán muy serios problemas.

No hay nación que haya alcanzado el desarrollo tan solo explotando sus recursos naturales. En Oriente Medio algunos países pequeños han reducido y hasta eliminado la pobreza, pero no han logrado el desarrollo que envidian de las naciones industrializadas. Tiene que haber una conexión entre la explotación de los recursos naturales con otras formas de supervivencia ulteriores. Los recursos naturales no sirven de nada si las ganancias que genera su comercialización no son reinvertidas. Convengamos que su explotación debe servir como un medio para acumular riquezas que puedan ser invertidas en infraestructura de comunicaciones, salud y de ser necesario, para combatir la desnutrición. Esa es la fórmula. Pero un componente importante de la ecuación impulsadora es un Estado al margen de los negocios de exploración y explotación de los recursos. Un Estado abocado en aligerar los interminables trámites burocráticos, llano a mantener las mismas reglas de juego y que garantice la seguridad a todos dentro de sus fronteras. Eso es lo ideal, lo necesario, lo efectivo.

El caso de México es aleccionador, pues teniendo una poderosa industria petrolera de nivel mundial, deciden –a mediados del siglo

XX- expropiarla y pasarla al control del Estado creando PEMEX, fundado en una ruidosa política nacionalista. La bonanza duró unos años hasta que el petróleo se fue agotando. Hoy PEMEX es una empresa en apuros que no ha sabido invertir en exploración y no tiene los grandes recursos que se necesitan para hacerlo. Sin embargo, el patriotismo exaltado de los mexicanos y la burocratización que generó empleos y por consiguiente uno de los sindicatos más poderosos de Latinoamérica, impide que esta empresa sea privatizada. PEMEX podría ser administrada con mayores recursos y mejor criterio, dándole mayores réditos al estado. Desafortunadamente esta empresa petrolera estatal cada año se queda con menos petróleo y vale menos. No es inteligente defender una empresa solo por ver la bandera en ella cuando todos pierden dinero.

Nauru, una islilla cerca de Australia, llego a ser la Arabia Saudita de ese extremo del hemisferio en la década de los 80's. Nauru tenía las reservas de fosfatos más grandes del mundo, mismas que se explotaron desde comienzos de 1900 de manera privada, hasta que pasaron a manos del estado en 1968. Un aciago día, los habitantes de Nauru despertaron con la noticia que los fosfatos se habían agotado. La gallina de los huevos de oro había dejado de poner. El Estado de Nauru había acumulado y perdido una fortuna que no supo administrar y se evaporó rápidamente hasta terminar endeudado. Hoy es una isla que se vio obligado a convertirse en un dudoso "paraíso fiscal" para así poder sobrevivir como nación.

Retomemos el tema de los recursos propios, veamos como ejemplo puntual el agua. Es harto sabido que el agua dulce o potable, se está convirtiendo en un elemento escaso y valioso, tanto, que existe un grupo de especuladores que trabajan arduamente para que el precio, distribución y comercialización quede en manos del mercado. Eso dicen. Ellos no toman en cuenta –quiero creer- que el agua, se origina en la naturaleza y no en alguna fábrica o cosecha alternativa, e inclusive, contrario al petróleo o los minerales, no necesita refinamientos complejos y costosos. ¿Por qué se intenta comercializar cual commodity?

No hace mucho una conocida empresa privada a nivel mundial, cuyo mayor rubro es la comercialización del agua, represó parte del rio Ganges en la república India, a la altura del poblado Tehri con la finalidad de distribuirlo a New Delhi, la capital del país. Tal concesión, hecha por el estado, trajo como consecuencia inmediata la migración de más de cien mil habitantes y la aparición, de hasta ese entonces desconocido fenómeno del suicidio femenino, ambos –según estudios posteriores- producidos por falta de agua. Por esos tiempos también una mundialmente conocida marca norteamericana de bebidas gaseosas llegó al Sur de la India y mediante una rápida concesión estatal comenzó a extraer 1.5 millones de litros de agua dulce al día, para embotellarla y venderla. En poco tiempo manantiales y pozos de agua en un par de millas a la redonda quedaron secos. Un gobierno liberal no pondría a riesgo sus recursos, ni el capital humano, pero uno mercantilista sí. El capital humano es el ingrediente seminal de la nueva Derecha, debe desarrollarse y crecer para más tarde convertirse en esa vigorosa y emergente Derecha Popular que marque la pauta en la explotación de recursos renovables y no renovables.

Casos como la dilapidación del agua, indican que la política de explotación, concesión y manipulación de recursos naturales tiene que ser práctica, realista y siempre cauta. Desafortunadamente existen clanes empresariales cuya insano mercantilismo los empuja a dejar de lado lo más práctico y razonable, por el saqueo y pillaje. Algunas corporaciones extranjeras llegan con jugosas ofertas de participación minoritaria tan tentadoras que más de una familia de prosapia y probada honestidad sucumben vergonzosamente al papel de cómplice. Allanan caminos y se hunden en la vil práctica de la prebenda en perjuicio de la recuperación económica y el desarrollo del país donde moran. Esa casta socio-económica es la derecha fenicia.

El Fondo Monetario Internacional-FMI, fue en su época la institución crediticia usurera que imponía la política económica a seguir a los países subdesarrollados que requerían de un préstamo. Dichas draconianas políticas económicas muchas veces fueron el preámbulo a disturbios sociales e inclusive la caída de gobiernos enteros. Hoy son las Súper-Corporaciones las que en cierto modo influyen en el destino de las naciones en desarrollo y lo que es mucho más preocupante aún; la globalización siendo un mar que toca las orillas del mundo entero y por donde surcan los Mega-Conglomerados, no sorprendería que también representen mucho más que una compañía privada y también personifiquen el espíritu e intereses de una potencia económica y su estrategia geopolítica. Algo así como una Internacional Socialista o lo que hoy sería el Foro De Sao Paulo, ese instrumento político sudamericano que agrupa partidos y políticos de izquierda, cual carta de clientes para empresarios brasileños.

Es bajo estas disímiles circunstancias que las naciones se esfuerzan por no perecer antes de llegar a la adultez, en un mundo donde el promedio de vida de un país en franco crecimiento económico es desalentador cuando no cortísimo. Tal factor incide negativamente en la salud y longevidad democrática de sus instituciones, pues si el amor en una pareja se escapa por la cocina el romance entre el pueblo y sus instituciones democráticas decrece en intensidad cuando el hambre aumenta.

Es entonces que se impone un Liberalismo pragmático que haciendo uso de salvaguardas y licencias propias de una democracia, aplique estrategias económicas que fortalezcan sectores vulnerables sin alentar asistencialismo y liberalice aéreas donde la competencia sea leal y beneficiosa, sin degollar la industria local. Hay momentos en la vida de una país en que se hace vital aplicar una política económica que favorezca el desarrollo, pero sin detrimento de la calidad de vida del pueblo y sin empeñar las joyas de la familia por un plato de lentejas.

Israel, India y hasta la Alemania Federal en su momento se asemejaban en el manejo de la economía, eran más una sociedad cuasi-socialista que una nación entregada al modelo capitalista. Convengamos que cuando los nubarrones del nefasto temporal se alejan y la recuperación económica asoma su exuberancia, necio seria oponerse al buen momento y liberalizar ciertos sectores, pero siempre con una estrategia práctica, con rumbo claro y objetivos definidos.

A fines de los 90's los británicos devolvieron Hong Kong a la República Popular China pero con la condición que dicho archipiélago híper capitalista conserve su sistema político y financiero. Muchos temieron que China ignore dicho acuerdo, pues es harto sabido que China es una nación que hace lo que conviene no lo que el resto del mundo quiere. Para sorpresa de los incrédulos, la temida China comunista resolvió tomar una actitud pragmática y realista al anunciar la implementación de una política estatal llamada "Dos sistemas, una nación". Hong Kong hasta los momentos en que trazo estas líneas, sigue siendo la urbe capitalista que siempre fue, con sus propias leyes y administración, con la única adición del ejército rojo como defensa militar. Macao, una isla que fuera colonia portuguesa y que hoy también pasó a ser parte de la República China Popular, goza de similares privilegios. Macao es el único territorio chino donde el juego y las apuestas son legales.

A estas alturas podemos decir que China ha incorporado muchas de las exitosas políticas económicas provenientes de Hong Kong, pero también restringido acceso a ciertos sectores de su economía para evitar un letal asalto de las voraces transnacionales a la vulnerable estructura económica post-Maoísta. Este país ha logrado arrancar concesiones tecnológicas y financieras a los más avezados inversionistas y poderosas corporaciones occidentales nunca antes vistas y eso amigos, es ser práctico y cauto. Lo que ocurre en China se debe también a que las últimas generaciones de miembros del Partido Comunista Chino han surgido de las universidades y no de las canteras partidarias ni de las barricadas de lucha. Estos políticos modernos se han optado por estudiar carreras en ciencias y tecnología, y no carreras humanistas como sociología o derecho, que es lo que abunda en nuestros países. La casi totalidad de líderes actuales del Partido Comunista Chino son ingenieros, con una visión pragmática de la vida y con una idea clara de las soluciones. Por el contrario, en nuestros países aún dominan la política los abogados, sociólogos, antropólogos y economistas, además de los que no tienen carrera ni oficio alguno.

China no ha perdido su poder geopolítico, y sin embargo se ha visto fortalecido al optar por un pragmatismo político en cuanto a Hong Kong y Macao, tanto que va camino a convertirse en la segunda potencia hegemónica–si es que no lo es ya- y el control del Partido Comunista chino sigue siendo tan sólido como en la época de Mao Tse-Tung. No coincido con las ideas comunistas pero sí es destacable la visión de los líderes chinos que por encima de axiomas, dogmas y postulados optaron por lo más práctico y efectivo: pragmatismo en su más oriental forma y liberalismo a discreción. Aunque el gobierno chino no lo acepte, su territorio alberga la población más grande de derecha popular en el mundo.

El pragmatismo político cuando es ejercido de manera efectiva y aparejada de un liberalismo responsable trae resultados óptimos. William James, el padre del Pragmatismo, decía que el pragmatismo era como un hotel con varias habitaciones, en el cual se podía encontrar a alguien escribiendo sobre ateísmo, en la habitación contigua otra persona de rodillas rezando con fe, en la siguiente un estudioso buscando la composición química de los cuerpos y en otro más, un idealista entre cuatro paredes auscultando el mundo metafísico pero sin embargo todos compartiendo el mismo corredor y transitándolo cuantas veces sea necesario para beneficio mutuo y de sus comunidades.

Ya sea en la administración de un bien público o privado, inclusive estableciendo la política económica o en cuestiones que atañen a la soberanía de un país; una buena dosis de pragmatismo instila sensatez y sentido común, tan necesarios en este mundo de rampante globalización que tiende a confundir los principios y los fines indistintamente.

Cuando llega a nuestro conocimiento concesiones del estado tan inverosímil y perjudicial, es cuando nos preguntamos si falto un poco de espíritu práctico o simplemente campeo la prebenda.

No es posible, por ejemplo, que se trate de reemplazar la presencia del estado en el campo con un contrato minero que emplee a los abandonados campesinos. Algunas de estas gigantescas corporaciones en acuerdos pro reactivadores o proinversión, alentados y estimulados por el Estado extraen minerales y gracias a laxas regulaciones ambientales, dejan tras sí, contaminación de suelos y agua que ponen en duda los beneficios de tal actividad minera. Son pocas pero son. Tremendo descuido es caldo de cultivo para organizaciones que aprovechan la coyuntura y sacan réditos políticos o económicos, manipulando el justo reclamo de sus seguidores, en beneficio propio.

En los países del llamado tercer mundo, las compañías mineras gozan de toda clase de exoneraciones y protecciones por parte del estado en su apuro por atraer inversión. Cuando estas mismas mineras dan comienzo a sus actividades consumen cantidades industriales de agua para relaves, que la mayoría de las veces terminan contaminando el suelo, y algunas veces, hasta los manantiales de agua dulce. No es un secreto que en las proximidades a los asentamientos mineros el nivel de plomo en la sangre de los habitantes llega a ser letal y toda señal de vida en los lagos y ríos próximos a estos, desaparece de a pocos.

Muchos creen que estos países subdesarrollados o de economía creciente cuentan con instituciones que supervisan tales actividades mineras. Más no es cierto del todo, porque muchas de estas entidades son cuasi-independientes, en el mejor de los casos y muy débiles para supervisar que se cumplan las regulaciones y normas de protección al medio ambiente, en el peor de los casos. Evalúan, estudian y rinden informes con recomendaciones que al final no implica obligación alguna por parte de la empresas mineras, gasíferas y petroleras, ni mucho menos existe ánimo alguno por sancionarlos. Por suerte no todas las transnacionales mineras son iguales y existen aquellas que se auto regulan desde adentro y hacen de la preservación ecológica, parte de su política extractiva. Por razones que escapan al entendimiento, estas mineras de comprobada responsabilidad ecológica casi nunca ganan licitaciones mineras o concesiones del estado.

Los gobiernos en estos tiempos so pretexto de política económica globalizada, favorecen los intereses de ciertos grupos económicos por encima del sentido práctico y es justo allí donde el liberalismo pragmático irrumpe como la alternativa política que ofrece una visión anti mercantilista y más cercano a lo justo y apropiado para todos. Más cercano a los intereses de la derecha popular.

Rousseau, uno de los más importantes filósofos políticos que dio Francia al mundo, decía que era necesario distinguir entre la "voluntad general" de la sociedad como un todo; de los "intereses particulares" propios de una persona, grupo o segmento social. Rousseau creía que un gobierno ordenado y responsable debería representar la "voluntad general" por encima de otros intereses particulares, que no necesariamente significa Estado bienestar, pero tampoco Estado molecular.

En nuestros países ocurre con mayor frecuencia que el estado celebre acuerdos y contratos donde se imponen "intereses particulares" por encima de la "voluntad general", con la conveniente complicidad de la clase empresarial local. Una nación cuyas instituciones políticas son endebles tanto o más que su economía y se interna en la jungla del libre mercado sin un plan realista y práctico, o sin un plan del todo, es presa fácil para la dilapidación de sus recursos y futuros disturbios sociales. Tengan siempre presente que la Mega transnacional si tienen un Plan de Negocio, el Estado debería tener uno también.

Pragmatismo es aplicado continuamente en diferentes áreas de la actividad humana como son la ciencia, política, artes y negocios en diferentes sociedades del mundo pero convengamos en que el problema radica en quien lo aplica, cómo y con qué objetivos. Liberalismo pragmático es una alternativa, una aplicación que necesita de un visionario que lo desarrolle en toda su magnífica simpleza y creadora efectividad. Los que conforman la derecha popular lo aplican en ese plebiscito diario que es la vida. Es hora que el gobierno sintonice con ellos.

Mis padres en su momento resolvieron su predicamento de una manera práctica. China Popular en su momento optó por aceptar y preservar las diferencias de Hong Kong y

Macao como ventajosas. Quizá los negociados del agua en la India sean el triste ejemplo de voraz mercantilismo. No se debería llegar al extremo de beneficiar una Corporación o a un grupo de "intereses particulares" en perjuicio de la patria, de los integrantes de la derecha popular, que es donde reside la "voluntad general" según Rousseau.

Es menester atender con estímulos y motivaciones válidas a esa inmensa población de connacionales que no pide que le regalen pan si no que no le impidan ganárselo, como han hecho desde siempre, con el sudor de su frente. Una república en vías de desarrollo con un liderazgo político liberal pragmático está obligada –mientras no haya otra alternativa mejor- a proveer servicios básicos de salud y educación como mínimo, hasta que su rol subsidiario en esas áreas no sea necesario. Es lo menos que puede hacer por esa inmensa masa de individuos en la derecha popular.

Recomendable leer...

"Esa es la derecha popular, la nueva derecha, la derecha chola pues. Mayormente católica, de origen o padres provincianos, emprendedora y con una persistencia sin igual. Son solidarios pero no argolleros. Tienes que hacer mérito para que te tomen en cuenta. Respetan y hacen respetar la propiedad privada. Siguen las reglas de juego si tu juegas limpio" (Derecha Acholada, *Hierba Luisa con leche*).

"El liderazgo chino actual muestra mucha menos predisposición para adoptar un pragmatismo político de ese tipo, o de emplear sutilezas y acuerdos en sus relaciones con el territorio. Esa es la principal conclusión que se puede sacar de la decisión tomada el domingo por la Asamblea Nacional Popular de China de adoptar disposiciones para las elecciones del máximo líder de Hong Kong que en la práctica le den al partido un poder de veto" (The Wall Street Journal, *Beijing abandona el pragmatismo en Hong Kong*).

"Esa derecha fenicia es la que hoy apoya a la izquierda si le garantiza la continuidad de sus empresas, aunque ello signifique alimentar al cuervo que luego le sacará los ojos. No sorprende ver por ejemplo a la CONFIEP apoyando el NO a la revocatoria, a pesar que en la MML habitan apátridas que en su momento fueron caja de resonancia de terroristas y hoy son sustento de agitadores anti mineros del ecocomunismo del siglo XXI" (Voz Liberal del Peru, *La derecha fenicia*)

CAPÍTULO TERCERO

MÁS DE UN CAMINO POLÍTICO

"Hay dos formas de arruinar económica y anímicamente a un país: con una cruenta y costosa guerra perdida o con socialismo"

Apenas a los siete años había iniciado mi actividad política como el adoptado miembro más joven de un grupo de espontáneos anti golpistas en los años 70. Por ello no era de sorprender que a los once ya participara en las elecciones del Presidente de la Junta Directiva de Vecinos en Playa Rímac, Callao. Mi labor se limitaba a pintar carteles y afiches a favor de uno de los tres candidatos. El Sr. Peralta, como lo llamábamos todos, era un ayacuchano metódico, quien junto a su laboriosa esposa, comenzó abriendo una tiendita de abarrotes el cual en poco tiempo se convirtió en una bien surtida panadería. Sé que ahora es propietario de una floreciente empresa en el rubro de la panificación. El Sr. Peralta probablemente lo ignore, pero él es miembro de lo que llamo con orgullo la derecha popular. Esa clase emergente de provincianos que deciden abrirse paso en la vida con sus propias manos, y que hoy es una mayoría silenciosa, con voz y voto, pero sin una representación auténtica y organizada que pueda llegar a ser gobierno. Que pueda ser su gobierno.

Es necesario un liberalismo pragmático que propicie el encumbramiento de la derecha popular, es clave en el desarrollo del país, y en el desarrollo de una nueva derecha. La vieja y comatosa derecha de clanes familiares, ya ha desilusionado a una generación entera, al claudicar ante el mercantilismo. La decrépita derecha política ha envejecido desconectada del pueblo, mientras este pueblo ha brincado a la palestra del acontecer económico nacional como un sector exitoso y ávido de una nueva representación. Hoy la derecha popular necesita una nueva derecha. Una derecha acholada.

La izquierda se constituyó por mucho tiempo como la expresión más popular de la política, pero hoy la izquierda ha dejado de ser aquel árbol macizo del marxismo del que brotaron, como frutos del mal, los partidos comunistas y socialistas. La izquierda de estos días se parece más a un arbusto o una maleza de voluntades sin ideas claras, que van desde un descolorido marxismo hasta la más insana palabrería populista edificada con simples consignas y frases cliché. De todos modos la izquierda aún se pretende defensora de una clase explotada. Representantes de una pobretología gaseosa orientada al reclamo popular. En buena cuenta la izquierda ha decidido vivir medrando al Estado, convirtiendo el reclamo, por un lado, y el asistencialismo, por el otro, en los ejes de su estrategia política.

La derecha popular no es ni por asomo progre, definitivamente. Nosotros nos oponemos a esa doctrina que es similar al parasitismo social, a la irresponsabilidad política y causa del fracaso de las naciones, tal como ya se ha comprobado en ambos hemisferios. Debemos oponer a esa izquierda fracasada una derecha fundada en el sector social más pujante, aquel que se abre paso desde la pobreza por su propia cuenta. Esa es la realidad que viven muchos países. Sin embargo la izquierda se ha estancado en la mentalidad surgida en una Europa de hace dos siglos. Si bien durante el siglo XX la izquierda fue vinculada a los trabajadores y, por oposición, a la derecha se la vinculó con la clase empresarial, creando la base de los conflictos políticos más violentos. Hoy la realidad es distinta. Lo que tenemos en Perú y en otros países en vías de desarrollo, es una amplia clase social emergente que ha decidido salir de la pobreza a base de esfuerzo propio. Todos ellos llegaron en oleadas migratorias a Lima desde el campo, debido a la fallida reforma agraria y el genocida terrorismo de izquierda.

Desde siempre los pueblos andinos vieron en la migración hacia la costa, un paso hacia el progreso. Lima ha sido testigo privilegiado de esa migración que ha convertido los arenales del cono norte, en menos de treinta años, en una ciudad moderna y eje de un movimiento comercial inimaginable. Gamarra es el más sorprendente caso del milagro económico que es capaz de lograr esta clase social de emprendedores, pero no es el único. El proceso continúa. Por ello hace falta articular una nueva mística política acorde con nuestra realidad y la clase social pujante que impera. Este emergente sector del país, está muy lejos de ser víctima de un sistema nefasto, como observaba el marxismo. Estos compatriotas son testimonio pleno del triunfo frente a la adversidad. Esta masa de emprendedores no responde al ideario de la izquierda, más bien escapa por completo a las visiones clásicas de la izquierda local. Ya no se trata de víctimas del capitalismo sino de ignorados por el Estado. Ignorados que deben sobrevivir a pesar del Estado y para tal se refugian en la "la informalidad", que es en buena cuenta un capitalismo popular. Esta gente no presta oídos a la palabrería de izquierda, no vive de fantasías ideológicas sino de hechos, acción y resultados; no confía más que en su propia fuerza y no espera dádivas de nadie. Esta es la fuerza que debemos articular en una derecha popular.

Una nueva derecha del siglo XXI capaz de confrontar a la vieja y fracasada izquierda.

Hoy puedo afirmar con toda seguridad, que mi modesta participación en la tarea política en esas dos tempranas ocasiones me dejó satisfecho, pues sentí que mi aporte era por una causa valiosa. Debido a esas gratas experiencias la política nunca más me resultó aburrida, como solían decir algunos. Por el contrario fue el inicio de una nueva pasión. De un interés por observar los procesos sociales tal como se iban produciendo ante mis ojos, en lugar de asimilarlo a partir de un texto del siglo XIX, como hacían muchos de mis compañeros. Siempre presté más ojos y oídos a la realidad. Mis lecturas las contrastaba con lo que observaba. Eso fue lo que me libró de caer en el abismo delirante de la izquierda marxista. Sin notarlo me volvía un liberal pragmático, con cada experiencia política y empecé a desarrollar cierta aversión por el delirio idealista. Fue luego de pisar tierra firme, cuando inicié mis reflexiones en torno a la forma de hacer política realista. Sin duda alguna puedo decir que mis experiencias políticas a tan temprana edad fueron un acicate.

En realidad mi bautizo de fuego en la política vino cuando aún cursaba el primer año de secundaria, en el colegio Isabel Chimpu Ocllo del distrito de San Martin de Porres. Esto ocurrió en los agitados días del año 1978, cuando las FFAA todavía gobernaban el país y el Ministerio de Educación estaba a cargo de un General del Ejército. Para entonces resonaba en mi memoria una frase que Jorge Luis Borges había dicho en una reciente entrevista: un gobierno de militar es tan absurdo como un gobierno de zapateros. ¿Qué sabía un general de infantería sobre educación pública?

Era la época del socialismo militar, de los discursos a nombre del pueblo y en contra de la oligarquía, de las consignas por el nacionalismo y de los experimentos sociales. En medio de tanto jaleo de corte socialista apurado por el equipo de asesores civiles que apoyaban al gobierno militar -todos ellos salidos de las canteras de la izquierda, académicos como ex guerrilleros- corrió como reguero de pólvora por las escuelas, el rumor de que pretendían convertir la nota 11 en desaprobatoria. Obviamente la noticia no fue bien recibida por los estudiantes, en especial por los de secundaria. Cierto o no, el rumor se extendió sirviendo como detonante al descontento estudiantil, lo que provocó que estos se sumen a la ola creciente de protestas sociales que se enfrentaba el gobierno militar desde un año antes.

Por ese entonces las reformas alentadas por los militares, habían creado instituciones y grupos participativos que dieron un poder político nunca antes visto a los segmentos de la izquierda más extrema. Los militares no eran un partido político y por tal, su alcance a pesar de ser amplio y largo, no era convincente a ojos de la población. Muchos de esos grupos creados durante la dictadura militar se tornaron independientes, tanto así que en un momento llegaron a formar parte de la rabiosa oposición. Ese fue otro fallido intento en la historia de esta nación de intentar solucionar problemas económicos con acciones políticas. Los problemas económicos se solucionan con políticas económicas, y los problemas políticos con acciones políticas. Los militares nunca entendieron eso, fueron víctimas de la apurada circunstancia de un General ambicioso, mismo que causó más destrozos a la economía nacional que el ejército del feroz Atila. La derecha empresarial de aquellos tiempos no reacciono, los más fenicios huyeron del país y los pocos que se quedaron establecieron monopolios con ayuda de la dictadura, so pretexto de nacionalismo. Fue una década pérdida. Fue una década para el olvido.

El Perú atravesaba una situación especial en su historia. En agosto de 1975 el General Francisco Morales Bermúdez había tomado el mando del gobierno en reemplazo del general Juan Velasco Alvarado, muy debilitado por una grave enfermedad. Este cambio de gobierno significó un giro importante para la conducción del país, pues fue el momento en que se tuvo que encarar las consecuencias del desastre económico generado por los siete años del gobierno socialista de Velasco. El país estaba endeudado, el aparato público sobredimensionado, los precios estaban embalsados, la producción había decaído y la importación de alimentos se convirtió en uno de las principales actividades del gobierno. EEUU, a través del AID, nos prestaba dinero para comprar alimentos ante la baja producción del agro, golpeada por el desastre de reforma agraria, emprendida más con pasión ideológica que con criterios técnicos.

El gobierno del General Morales Bermúdez tuvo que enfrentar con realismo la situación desembalsando los precios, eliminando subsidios, reduciendo la planilla estatal, etc. Medidas que generaron un gran descontento en la masa de trabajadores. Todo esto derivó en sucesivos paros de los cuales el más famoso fue el de mayo de 1977. No obstante, las medidas económicas no cesaban y las protestas sindicales y estudiantiles tampoco. Todo esto a lo largo de 1978. Analizar lo que iba ocurriendo en el país era excitante. Estaba claro tales desvaríos ideológicos destruyeron los cimientos de la sociedad y la economía, en aras de un nuevo ser, una nueva sociedad y un nuevo país, pero en vez de eso solo genero miseria y desilusión. Luego de la pesadilla ideológica vivida llegó el despertar ante la dura realidad. Las protestas eran resaca de ese despertar. Las masas no querían permanecer engañados por un Estado que manipulaba editoriales, carátulas de diario, estadísticas, y que aprovechaba préstamos fáciles que más tarde sería nuestra perdición.

Una mañana nos enteramos por la radio y por comentarios de empleados del colegio que los estudiantes de los principales colegios secundarios de Lima se habían organizado para protestar contra la reforma de la nota aprobatoria. Estos espontáneos líderes estudiantiles pasaban por los colegios arengando y empujando a los estudiantes a marchar en protesta hacia el centro de Lima, donde convergerían de todos los puntos de la gran capital en una gigantesca manifestación de rechazo. Aún no era el mediodía cuando algunos cientos de alumnos, en su mayoría del colegio José Granda y Ricardo Bentín, cargaron contra el inmenso portón del colegio donde estudiaba yo. A los gritos de "Abajo la nota 11", tomaron por sorpresa al personal que no tuvo tiempo de reaccionar. La Directora, al notar los ánimos caldeados y la poca disposición de los alumnos por el diálogo, tuvo que ceder y dejarnos salir. Aquel gris día de invierno marchamos por la Av. Perú -la más transitada de San Martin de Porres- junto a otros estudiantes que se nos unían en el camino. Los curiosos aplaudían a nuestro paso. Por esos días la gente aplaudía cualquier muestra de protesta contra los militares golpistas, sin importar de qué se tratara. La gente estaba harta de ellos y de sus asesores de izquierda, solo quería que se fueran.

Sin proponérmelo, a mis incipientes 13 años, me vi envuelto en marchas de protesta codo a codo con estudiantes universitarios. De pronto ya estaba escapando de la guardia de asalto, arrojando piedras a las tanquetas policiales y evitando los gases lacrimógenos que arrojaban a discreción. Aprendí a escabullirme, incluso metiéndome en cualquier puerta abierta que encontraba durante la arremetida policial y el desbande estudiantil. Era adrenalina pura lo que sentíamos en esos días. Más tarde el gobierno diría que habían llegado guerrilleros de Cuba, Argentina y Chile a dirigir las protestas sociales en contra del gobierno y que estaban preparando cuadros para una gran guerra contra el Estado. Por aquellos días nadie les hizo caso. Todos pensamos que exageraban. Lo evidente era la manipulación popular por parte del gobierno, especialmente en los días de Velasco. Era fácil ver multitudes apoyando al gobierno de Velasco y llenando la Plaza de Armas con enormes carteles de "Kausachum Revolución". El gobierno tuvo la habilidad de formar sus propios sindicatos y confederaciones agrarias; (como el PRI en México) pero inclusive hizo mucho más.

El gobierno socialista del general Juan Velasco Alvarado se encargó de preparar cuadros políticos para que desde la sociedad se apoyara la gestión de los militares. Este esfuerzo se consolidó en lo que se llamó SINAMOS (Sistema Nacional de Movilización Social) que pretendía consolidar un modelo definido como "Democracia Social de Participación Plena" y cuyo verdadero propósito era aniquilar a los "partidos políticos tradicionales", en lenguaje revolucionario, para reemplazarlos por bases organizadas en torno al apoyo al gobierno, siguiendo más o menos el modelo cubano. En los hechos, este organismo político creado por los militares cayó en manos de izquierdistas extremistas que emprendieron la tarea de concientizar a las masas en el pensamiento marxista. Tras la caída de Velasco Alvarado este experimento político y social se fracturó en varias organizaciones que acabaron como partidos políticos de izquierda, siendo el principal de todos el PSR o Partido Socialista Revolucionario, dirigido por el General Leonidas Rodríguez Figueroa, ex jefe del SINAMOS.

Gracias a la experiencia de SINAMOS surgieron nuevos líderes de izquierda. Algunos de sus integrantes incluso habían sido líderes radicales, como el ex guerrillero Héctor Béjar, levantado en armas en el 65, apresado y luego amnistiado. Durante el gobierno de Velasco muchos de estos líderes marxistas tuvieron ocasión de trabajar en SINAMOS bajo la dirección de genios de la sociología marxista como Carlos Delgado Olivera y Carlos Franco. También participaron de esta maquinaria conocida como "la aplanadora" Juan Vicente Requejo,

Helan Jaworski, Francisco Guerra García, José Luis Alvarado, muchos de los cuales pasarían luego a dirigir los diarios confiscados. Toda esta gran organización política de izquierda acabó finalmente dividida en dos frentes luego de la caída de Velasco. Por un lado se formaron nuevos partidos de izquierda y, por otro, aparecieron las primeras ONGs de izquierda que años más tarde volverían a la escena política bajo la modalidad de costosos asesores del gobierno, especialmente en la ya tristemente famosa CVR, o Comisión de la Verdad en el 2001.

En lo que a mí respecta, la corta experiencia narrada fue suficiente para abrirme los ojos a la política. Me llamaron mucho la atención las consignas de guerra que oía durante las protestas por parte de los trabajadores sindicalistas, los universitarios y demás miembros de las multitudinarias marchas. Yo no sabía si estaba en contra del gobierno o en contra de qué. No sabía si apoyaba las consignas de la izquierda y seguía el camino que estos grupos nos trazaban. Era mi deber empezar a pensar rápidamente y saber cuál era mi posición en todo esto. Además mi padre tenía la costumbre de leer libros de política (así lo llamaba yo) en voz alta, y a fuerza de escucharlo tan a menudo, muchos de los términos que escuchaba entre los universitarios me resultaban familiares. Así fue como la incursión en política se convirtió para mí en un paso natural.

Mi padre contaba con una pequeña biblioteca y era solo una cuestión de tiempo para que yo terminara leyendo algunos de esos libros. Los que marchaban en protesta contra el gobierno militar desplegaban banderolas enormes con las mismas imágenes que veía en estos libros: José Carlos Mariátegui, el "Che" Guevara, Lenin, Marx, Engels, etc. En esos días estaba de moda ser socialista o al menos parecerlo, pues el jovencito más popular del barrio usaba el cabello crecido con incipiente barba al estilo del "Che" Guevara. La calcomanía más popular era definitivamente el famoso rostro del Che, retratado por Alberto Korda, y que se lucía en todas las ventanas y parabrisas. Tanta era mi curiosidad por este movimiento político y cultural que un buen día me aventuré a visitar la Plaza Dos de Mayo, el lugar más emblemático de la izquierda peruana y donde se ubican los locales de los principales sindicatos. El MIR tenía sus oficinas en el segundo piso de una vieja y deteriorada casona cuyas escaleras crujían a cada paso. El olor era de bodega de barco pirata. La humedad se te impregnaba en el rostro y la penumbra lo dominaba todo.

Subiendo las escaleras hacia el segundo piso, justo en un descanso y ceñida en la pared, pude observar una gigantesca banderola de fondo rojizo con la imagen de José Luis de la Puente Uceda, de barba, anteojos, uniforme de campaña, prismáticos en la mano y un fusil automático a cuestas. Este señor fue un connotado líder guerrillero de los años 60. Uno de los primeros en seguir la moda impuesta por la revolución cubana para tratar de conquistar el poder a través de la guerra de guerrillas. El experimento guerrillero en el Perú duró poco y determinó la muerte en acción de un puñado de jóvenes idealistas, entre los cuales estuvo el destacado y joven poeta Javier Heraud, muerto en Madre de Dios. El marxismo guerrillero en Latinoamérica fue el desperdicio de juventudes más patético de la historia. Los jóvenes de aquellos tiempos se acercaban a la izquierda como las moscas a la hez.

Volviendo a la vieja casona del MIR. En una de las oficinas del segundo piso hallé a un sujeto barbudo, un dirigente del MIR con toda la apariencia de un líder revolucionario cubano, tanto que me pareció una visión. Pero no era una alucinación. Al verme husmear por los corredores, el barbudo me invitó a pasar, sorprendido quizá por mi juventud y mi interés por una minúscula agrupación política semi clandestina y ya derrotada. Al cabo de una breve conversación me propuso formar una célula estudiantil en mi colegio bajo la sigla del FER, Frente Estudiantil Revolucionario. Ese día llegué a casa con un voluminoso obsequio, un libro en cuya tapa se leía: El Capital.

Aunque yo mismo no llegaba a comprender del todo las razones de mi profundo interés por la política, seguí indagando en los libros y en la historia. Así supe que el MIR era una facción de renegados apristas, quienes dejaron el partido, cuando el APRA pacto con la "oligarquía", dando inicio a la etapa conocida como "la convivencia". El APRA había surgido en los años 20 como un movimiento radical estudiantil de izquierda, muy cercano al socialismo. Tuvo entre sus principales tesis las mismas consignas de la izquierda latinoamericana: la lucha anti imperialista, la estatización de tierras e industrias, la unión latinoamericana y la solidaridad con las clases oprimidas, una variante del mensaje de Marx. En buena cuenta el APRA era un socialismo más, integró la Internacional Socialista, adoptó la bandera roja y la estrella como símbolos, basó su estructura partidaria en una sólida disciplina copiada del fascismo, y pronto establecieron el culto a la persona de Haya de la Torre. A diferencia de la izquierda marxista, el APRA aspiraba a fundar un ideario propio. Ese fue el empeño principal de Haya de la Torre, por lo que desde el principio se confrontó con José Carlos Mariátegui, el fundador del Partido Socialista.

A diferencia de la izquierda marxista que acabó fragmentada y sin guía a la muerte de José Carlos Mariátegui, el APRA supo fortalecerse alrededor de la persona y las ideas de su líder. En varios aspectos el APRA fue un movimiento precursor de lo que muchos años después emprendería la izquierda marxista. Su participación en la política peruana se caracterizó por su intransigencia y violencia, alentadas por la sensación de fraude que dejaban las elecciones. La violencia política del APRA no tuvo límites, pasando incluso de la revolución al homicidio en la fatídica década de los 30. Un fanático aprista asesinó a tiros al presidente, el Comandante Luis M. Sánchez Cerro mientras este se retiraba en su coche del hipódromo de Santa Beatriz. Así selló la venganza por el fusilamiento de varios apristas a manos del ejército, ocurrido luego de la revolución de Trujillo. Más tarde otro fanático aprista cobraría venganza por los ataques del diario El Comercio al APRA, matando a tiros a su director Antonio Miró Quesada de la Guerra y su esposa, María Laos, cuando salían de almorzar del Club Nacional, y caminaban por la esquina del Teatro Colón. Todo esto motivó que el APRA fuera proscrito de la política. Sus líderes eran perseguidos, apresados o desterrados. Tras sucesivos pactos con los gobiernos de turno, en busca de lograr su reincorporación a la legalidad, el APRA llegó a la década de los años 50 convencido de que al poder se podía llegar no solo mediante los fusiles sino a través del coqueteo con los poderosos. Luego de uno de esos pactos político con el poder de turno, surgió la primera gran crisis en el APRA. Esta fue la causa del alejamiento del grupo más radical que acabó formando el Apra Rebelde y después el MIR.

Mientras los radicales del APRA pasaban a las filas de una izquierda marxista seducida ya por el éxito de los revolucionarios castristas, el APRA se acomodaba en su nuevo papel de consorte de los dueños del país. Así llegó el primer gobierno del presidente Fernando Belaunde Terry, líder y fundador de Acción Popular, quien intentó aplicar unas reformas importantes pero por el camino de la moderación y la prudencia. Sin embargo se encontró con una oposición intransigente en el Congreso dominado por la oprobiosa coalición APRA-UNO. Todas las reformas eran rechazadas, los ministros censurados y hasta un gabinete entero fue derribado por una clase política que no merecía ningún respeto por parte de la población. Hasta el día de hoy, ellos cargan con una buena parte de la culpa histórica por el golpe del General Juan Velasco Alvarado.

Hoy, los partidos, frentes o alianzas partidarias como masa de políticos organizados, han perdido credibilidad a ojos del ciudadano y del votante más o menos interesado en la honestidad. La derecha trata de izquierdearse o ubicarse en el centro, mientras la izquierda disfraza su comunismo con frases tales como: Licencia Social, Sociedad Civil, Protesta Social, Inclusión Social, Justicia Social, Responsabilidad Social, Lucha Social etc. etc. etc. Lobos rojos pasando por blancos corderos intelectuales de una supuesta moral digna de toga y birrete. Cada vez que se llevan a cabo elecciones o revoluciones, algunos líderes se ubican en los extremos y una vez triunfantes, toman su sitio donde mejor se acomode a sus intereses personales. Causan el caos y desorden para luego ofrecerse como solución al problema que ellos mismos generan. Algunos –los rosaditos- juran ser partidarios de Maynard

Keynes y su heterodoxia económica, esa que propugna una mayor presencia del estado en las actividades económicas en forma de subsidios y regulaciones pero cuando llegan al poder pueden cambiar diametralmente de parecer, aceptando la ortodoxia económica de Hayes y Friedman, y hasta llegan a ser más papistas que el mismo Papa. Recitan libre mercado y divina autorregulación del mismo, trasuntan liberalismo, capitalismo rampante y nada de estatización -que siembre causa pánico- pero a poco de llegar al gobierno comienza la estrategia de pan con circo y mercantilismo fenicio.

Como podemos ver, la izquierda es un caso perdido. La mayoría permanece en el limbo de los conceptos surgidos desde la sociología marxista. El núcleo duro de la izquierda es una logia académica de sociólogos, abogados y antropólogos que medran de la ayuda internacional en sus ONGs. Solo tenemos predicadores de los derechos humanos, el medio ambiente y, para variar, el anti imperialismo. No ven más allá del papel rector del Estado como ente regulador y maquinaria de distribución de la riqueza a través de la ayuda directa, receta del asistencialismo. Allí acaba todo su horizonte. La izquierda como tal ya no es una opción viable y sensata en estos tiempos.

Un liberalismo pragmático que agrupe la fuerza de la derecha popular es vital para el desarrollo del país. Como nación estamos en la obligación de aprovechar nuestros recursos, pero no solo los recursos naturales sino también los recursos humanos. No hay ningún recurso mejor que el de esa clase de trabajadores independientes que surge de la nada y contra todo. Un movimiento político que articule esa fuerza social emprendedora es la clave del futuro. Necesitamos un partido político que se sustente en la fuerza creativa de estos sectores populares. Los políticos ven a las clases sociales que forman el capitalismo popular como víctimas a quienes se les ofrece ayuda legal para salir de lo que llaman "informalidad". Tanto la izquierda como la derecha coinciden en esto. Aunque no es mala idea facilitarles los créditos y los trámites, no se trata de ir en ayuda de estos sectores. De lo que se trata es de aprender de ellos y convertir su vocación al trabajo en mística de progreso. Mientras la derecha tradicional ha envejecido desconectada del pueblo, y la izquierda se descompuso combatiendo fantasmas y persiguiendo quimeras, ninguno intentó aprender del pueblo. Con la sola excepción del arquitecto Fernando Belaunde quien nos alentó a inspirarnos en la grandeza de nuestro pasado, los demás políticos han sido meros importadores de ideas.

Pese a que siempre me gustaron las lecturas y siempre dispuse de libros a mi alcance, mi opinión fue que debemos descubrir la verdad de nuestro país en el contacto directo. A los 14 años descubrí que el colegio no colmaba mis expectativas de conocimiento, de modo que tome una mochila y con solo un poco de dinero me marché con dirección al norte. En ese viaje aprendí mucho más que en las aulas. Compré pasajes hacia Tumbes, la frontera con Ecuador pues mi deseo era conocer el Perú directamente, más allá de los libros escolares. Antes de tomar el gigantesco autobús interprovincial, cruce la calle hacia un restaurante para almorzar algo. Me llamó la atención un anciano harapiento que tomaba los mendrugos de pan dejados en las mesas vacías. Se acercó y me preguntó si le regalaba el pan que tenía sobre la mesa. No había terminado de decirlo cuando el mesero se apresuró a desalojarlo de muy mal talante. Yo en realidad no tenía decidido si le regalaría mi pan al anciano, pero la intervención descortés del mesero me abrumó. Intervine en defensa del anciano increpándole al mozo sus modales y, acto seguido, le pedí que trajera un cubierto más porque el anciano sería mi invitado. Le pedí al anciano que tomara asiento mientras el mozo se quedaba aturdido por mi reacción.

Mi aventura por el norte no duró mucho ni me llevo tan lejos como hubiera querido, pero fue suficiente para ganar una experiencia valiosa en conocimiento y contacto directo con un segmento de la población que solo conocía por fotos y reportajes.

Los fines de semana en Tumbes abundaban los jóvenes reclutas del ejército caminando en su día de descanso por la Plaza de Armas y sus calles adyacentes. Lo curioso es que en lugar de hacer turismo, mendigaban. Andaban pidiendo dinero o comida. Fue en uno de esos fines de semana que un joven soldado con apariencia andina se me acercó mientras compraba pan y me pidió que le regalara uno. El sentimiento que me invadió entonces fue una mezcla de pena e indignación. Algo que ningún libro es capaz de enseñarnos. Es un sentimiento que nos marca para siempre y nos empuja a buscar la razón de tanta miseria. Era la segunda vez que alguien me pedía un mendrugo de pan. Lamentablemente en algunos países, los militares y los ancianos suelen estar más cerca de la muerte que de la gratitud.

Una pregunta retumbaba en mi cabeza: ¿Cómo esperar que el Estado resuelva la pobreza del pueblo si ni siquiera era capaz de resolver el hambre de sus soldados? Huelga decir que ningún soldado o recluta puede sentir orgullo y agradecimiento por su institución si no es tratado con un mínimo de consideración y respeto. Aun con una modestísima conciencia ciudadana, ya sospechaba que la política tenía algo que ver con el hambre y el abandono de estos reclutas. Pero aún más, me preguntaba por la verdadera efectividad del Estado y su real naturaleza como ente incapaz de materializarse ante las necesidades del pueblo. ¿Cuál era realmente el papel del Estado?

Mi interés por la política se había multiplicado cuando regresé a Lima. La actividad de mi padre alrededor de las ideas empezó a interesarme más. Él le dedicaba buena parte de su tiempo a la política, y en cada tertulia que organizaba en la sala de mi casa escuchaba discusiones sumamente interesantes. También me entusiasmaba con cada libro que descubría. Algunos de los amigos de mi padre llegaron a ser destacadas figuras de la política local, cuando el país retornó a las urnas en 1978, mi padre se quedó en las trincheras.

Recomendable leer...

"El típico izquierdista de hoy no es el universitario delirante. Ahora son empleados públicos de alto nivel, magistrados, catedráticos y algunos se camuflan como liberales hablando del libre mercado. Se muestran como expertos politólogos o científicos sociales. No importa el disfraz que usen. Por su discurso los conoceréis. Hay que señalarlos y denunciar sus mentiras y maniobras" (Dante Bobadilla, *¿Que queda de la izquierda?*).

"Aquello por lo que la izquierda ha monopolizado la idea de solidaridad, no es solidaridad en sentido estricto, sino redistribucionismo coercitivo o asistencialismo indefinido. Pero juzgar de 'solidarios' a quienes siempre ha despreciado los valores de la libertad y proponen sistemas políticos basados en la igualación coercitiva, es una contradicción en sí misma. Ser solidario con lo ajeno es un sinsentido." (Agustín Laje, *La libertad como condición para la solidaridad*).

"El efecto de la hegemonía intelectual de izquierda progresista es, por lo tanto, el de poner en peligro la educación liberal que la hizo posible. La ideología igualitaria es proclive a extenderse y a instalarse. Es suave y tranquilizadora; también sirve, como lo he sostenido, para neutralizar la amenaza que representa el talento. Es vengadora solo con sus traidores internos y ocupa el sillón del privilegio en forma bastante benigna, siempre y cuando sea cuestionada desde fuera de su territorio sagrado" (Roger Scruton, *La hegemonía intelectual de la izquierda progresista*)

CAPÍTULO CUARTO

PRELUDIO AL DESASTRE

"Cada vez que un compatriota triunfa, la izquierda pierde un voto y cada vez que la izquierda pierde un voto, la patria triunfa"

El retorno a elecciones libres y a un gobierno democrático y constitucional en el Perú se produjo recién en 1980. Sin embargo, el sistema electoral implantado desde entonces no ha sido siempre el más adecuado. Hay una brecha enorme y fatal entre el idealismo democrático que busca conceder el voto a la mayor cantidad posible de personas - si no a la totalidad- y la participación políticamente efectiva, sustentada en un conocimiento cabal de la realidad, con un compromiso político responsable que produzca un voto reflexivo. Los políticos conceden el voto desde otra perspectiva, como si repartieran un bien mayor, llamándolo incluso "derecho inalienable". Otorgar la condición de "derecho" a los actos es un truco sutil de la burocracia cuando desea forzar a los ciudadanos a realizar algo. La orden disfrazada es "hazlo porque es tu derecho". Pero hay una contradicción insalvable entre asumir el voto como un derecho y convertirlo en una obligación. Faltar a las elecciones se castiga con multa y hasta con la pérdida limitada de la ciudadanía. Todo un absurdo que los políticos no saben explicar. ¿Si es un derecho porque el castigo?

Cualquier intento de explicación del absurdo democrático lleva a más contradicciones. Se dice que el pueblo no es suficientemente maduro para asumir la enorme responsabilidad de votar voluntariamente. Pero entonces habría que cuestionar la decisión aventurada de sustentar la democracia y –más aun- el origen del gobierno en la decisión forzada de una masa incapaz. ¿No será esta la razón principal de tener tan pobre representación política en el Congreso? ¿Y no será la razón de que a menudo salgan elegidos improvisados sin mérito alguno? Desgraciadamente quienes resultan beneficiados por esta ridícula situación no hacen nada por cambiarla. Todos somos víctimas de un juego espeluznante.

Hay una severa incongruencia cuando la democracia se sustenta en el voto compulsivo de todos los ciudadanos. La elección de un gobierno debería merecer un voto calificado. Se ha levantado demasiado glamour alrededor del voto. Este no es una bendición que cae del cielo y de la que no debemos excluir a nadie. Lo importante de una democracia es que el poder esté compartido, sea temporal y renovable a través del voto. Pero nadie ha dicho que el voto debe ser obligatorio, directo y universal. Este es sin duda el peor de todos los sistemas. El mejor es exactamente el contrario: voto calificado, selectivo e indirecto. En una democracia -que se precie de tal- se debería garantizar la calidad del voto y exigir al ciudadano que demuestre su capacidad para votar. Una democracia que se sustenta en el voto compulsivo generalizado y bajo amenaza está destinada al fracaso. Se trata de un proceso viciado desde el vamos, pues la conquista de esas masas requiere apelar a las fórmulas más absurdas del populismo y la demagogia. La obvia consecuencia es que los ganadores son quienes hacen mayores ofrecimientos de ayuda al pueblo, apelando a un lenguaje encendido y emotivo, convirtiendo el proceso electoral en una competencia de promesas, y la política, en una opereta bufa al que ninguna persona sensata desea acceder. En resumen, lo que se instituye bajo el sistema del voto universal, obligatorio y directo no es una democracia sino una oclocracia, que no es otra cosa que la tiranía de las masas incultas.

Otro grave problema de nuestra democracia es que los políticos no se sienten obligados a respaldar sus decisiones con argumentos técnicos o científicos. Tampoco sienten interés alguno por hacer un seguimiento y evaluación de sus decisiones a lo largo del tiempo, ni someterlas a revisión a la luz de los resultados. En suma, la performance política es en su esencia un ejercicio de la incoherencia. Por ello suele escucharse plantear la paradoja entre "cuestión técnica o política". Es decir, entre lo razonable y lo irracional. Una extensión de las paradojas individuales entre hacer lo que conviene o lo que nos gusta.

Todo esto parece ser la continuación de una serie de errores históricos que se inician con la misma implantación de la República. El Perú alcanza su independencia como obra de un esfuerzo continental emprendido independientemente por dos ejércitos libertadores, uno desde Argentina al mando de Don José de San Martín, y el otro desde Venezuela al mando de Bolívar. Ambos confluyeron en el Perú, y aunque San Martín llegó primero no pudo culminar su obra por la negativa de su gobierno a enviarle refuerzos (en lo que sería el primer acto inamistoso de Argentina hacia Perú) y por la negativa de Bolívar a proporcionar tropas, reservándose para sí mismo la tarea libertadora con el afán de instalar su propio proyecto de alcance continental, en lo que fue el primer modelo bolivariano de corte personalista. De modo que a San Martín no le quedó más remedio que retirarse, dejándole el campo a Bolívar. Pero cabe anotar que la independencia no contaba en el Perú con mucho respaldo. No era una ansiedad mayoritaria. En la sociedad peruana no se respiraba ningún anhelo por la independencia, tal como lo pintan hoy los historiadores. Incluso se hicieron colectas públicas en Lima para ayudar a la corona española cuando esta fue dominada por Napoleón. Más tarde hubo conspiraciones en contra de San Martín y más aún contra Bolívar.

San Martín ya había reconocido en los peruanos la dificultad de su autogobierno, por lo que sugirió la implantación de una monarquía, idea que no prosperó. Bolívar tenía sus propias intenciones de formar una confederación sudamericana al estilo de los Estados Unidos de América. Consideraba que el Perú era demasiado grande y poderoso para su proyecto y procedió a desmembrarlo. Comenzó separando Guayaquil para luego hacer lo mismo con el Alto Perú, dando origen a Bolivia. Al retirarse dejó instalado un gobierno que muy pronto fue presa de los apetitos desmedidos de la casta militar. La presidencia se ganaba a balazos y la República era un cubil de conspiradores a tiempo completo. Este fenómeno persistió a lo largo de los primeros ciento cincuenta años. El último de los asaltantes del poder fue el General Juan Velasco Alvarado en 1968. Poco importan los argumentos que se presentaban como excusa en cada ocasión. Siempre se trataba de la supuesta defensa de los sagrados intereses de la patria. En realidad nunca hubo una República.

El Perú era apenas un territorio mal señalizado que se gobernaba desde Lima con un poder de facto o, excepcionalmente, por el voto en unas elecciones que nunca fueron limpias hasta 1930. Por eso un resignado Haya de la Torre dijo: "El camino a Palacio se conquista con fusiles o se compra con dinero". La descripción más certera del Perú se la debemos a Abraham Valdelomar: "el Perú es Lima y Lima es el Jirón de la Unión". La democracia que se recuperó en 1980, debido a todas estas características, sólo pudo generar una nueva forma de disputa electorera entre unos sectores de advenedizos y arribistas que se organizaban rápidamente frente a cada nueva convocatoria electoral.

Quizás el concepto de república aún no ha impregnado su magnificencia en nuestro país y estamos recibiendo gato por liebre sin derecho a reclamo. Y es que la república como sistema de gobierno representa en forma y contenido el imperio del derecho -eso se cree desde la época de los romanos- aunque el mismo tenga diferentes connotaciones para Liberales, Socialistas y Nacionalistas en distintas partes del mundo.

El Perú de mi infancia me trae solo recuerdos de disturbios sociales. El ocurrido el 5 de febrero de 1975, cuando la policía se declaró en huelga amotinados en el cuartel, casi arruina mi cumpleaños. Aquel día el centro de la capital fue un caos total, con saqueos y actos de pillaje por doquier. Más adelante se produjo el gran paro nacional del 19 de mayo de 1977 convocada por la CGTP y secundada por todos los sectores de izquierda. Se trataba de un acto de confrontación total entre la izquierda y el gobierno militar que, en su llamada "segunda fase" luego de la caída del Gral. Velasco, había procedido a rectificar eliminando los subsidios y despidiendo trabajadores de la frondosa burocracia roja. La razón era simple: la economía no soportaba más el peso del Estado sumado a la cuantiosa deuda externa. El gobierno del Gral. Velasco había multiplicado el tamaño del Estado por cincuenta y la deuda externa por diez. Pero además, también había empobrecido el campo a costa de una reforma agraria cuya única meta fue la confiscación de las tierras. Nunca hubo nada más allá de la consigna de expropiar a los terratenientes, teniendo en la prédica del odio de clase un trasfondo ideológico manipulable. A todo lo largo y ancho del país habían miles de carteles regados que decían: "Campesino, el patrón no comerá más de tu pobreza".

No obstante, nunca hubo tanta miseria en el campo como con la Reforma Agraria o como sea que llamaron a ese acto robolucionario liderado por los militares golpistas en los 70s. Tan nefasta medida originó una gran oleada migratoria hacia la costa, y especialmente hacia Lima. Tanto así que el gobierno del Gral. Velasco se vio obligado a crear oficinas especiales para manejar el fenómeno de las invasiones de terreno en la ciudad, organizando lo que llamó "pueblos jóvenes", en inmensos territorios destinados a los migrantes, como Villa El Salvador. Fue en la tarea de organizar a los migrantes como se dio inicio a la manipulación política de bases populares buscando el apoyo al gobierno militar. Un grupo de comunistas al servicio del régimen militar trataron de imitar el modelo cubano en el país. Este proyecto se transformó luego en el SINAMOS y funcionó, para todos sus efectos, como un partido político del gobierno militar.

Se dijo y escribió mucho acerca del gobierno militar de la 'Primera Fase", ese que fue conducido por el Gral. Juan Velasco Alvarado. Algunos creen que fue una suerte de socialismo diluido y potabilizado para ser aplicado, desde el estado. Existen analistas políticos que afirman con picardía que los militares golpistas del 68, le robaron el "fuego sagrado" a los partidos de izquierda al tratar de implementar una suerte de socialismo peruano de peculiares características, pero que sumieron al país en el más oscuro atraso.

La heterodoxia parecía la norma en el Ministerio de Economía y Finanzas de aquellas épocas puesto que el Estado aparte de tener presencia e influencia en el quehacer económico nacional también intervenía con subsidios o cuotas en el campo comercial e industrial del país. El asistencialismo corporativo, como ya sabemos, debilita la competitividad y en el país nuestro no fue la excepción.

El caso es que tras la caída de Velasco el nuevo gobierno del General Morales Bermúdez tuvo que enfrentar el desastre económico. Para ello empezó nombrando por primera vez a ministros civiles en la cartera de economía, pues se requerían verdaderos expertos y no generales improvisados. Pasaron al frente del Ministerio de Economía personajes como Luis Barúa Castañeda, Walter Piazza y Javier Silva Ruete, quien junto a Manuel Moreyra Loredo en el Banco

Central, fueron los reales artífices de la reconstrucción económica. La llamada "segunda fase" tuvo que cosechar las nefastas consecuencias de una "primera fase" cuya política revolucionaria de izquierda proclamó el antiimperialismo como fundamento. Las medidas económicas adoptadas en la segunda fase causaron un duro impacto en el pueblo y en las masas laborales, dando inicio a la trifulca entre sindicatos y el gobierno militar. En ella intervinieron todos los partidos de izquierda y sectores estudiantiles. La exitosa huelga del 19 de mayo de 1977 fue el preludio de la salida apresurada de los militares. Tres meses después convocaron a elecciones para la Asamblea Constituyente.

En realidad el General Morales Bermúdez inició su gestión con la idea de dejar el poder, pero no de cualquier forma. Había una clara conciencia del tamaño de la crisis. Se trazó una estrategia para la transferencia que permitiera una "salida honrosa" de los militares. Se esperaba estabilizar la economía y convocar luego a una Asamblea Constituyente, la que debería plasmar en una nueva Constitución los cambios experimentados por el país bajo el gobierno de las FFAA. Esa era más o menos la idea; pero el giro de la segunda fase desconcertó a los sectores de izquierda. Había temor en la gente por las constantes protestas que surgían en las calles durante esos días. Protestas que daban lugar a una brutal represión y dejaban el aire enrarecido por las bombas lacrimógenas. El esposo de mi madre, don Pedro Pablo Aguilar, un eximio músico criollo que se ganaba la vida dando clases de guitarra y tocando con su trio en fiestas y clubes nocturnos, vio complicarse su vida de un día para otro. El gobierno impuso el toque de queda y nadie podía estar en las calles pasadas las 12 de la medianoche. Esto afectaba no solo a mi padrastro sino a mucha gente que laboraba por las noches. La vida nocturna de las grandes ciudades empezó a decaer.

A diferencia de cualquier político de esos que invocan a la patria solo para sus proyectos mesiánicos, mi padrastro vivía con un verdadero amor por la patria. Prueba de ello son sus más de 160 composiciones en las que canta al Perú en diferentes géneros musicales. Todas sus composiciones estaban registradas en la APDAYC, de la cual era miembro, pero nunca recibió apoyo alguno a su talento y mucho menos regalías.

Un buen día, calculando las regalías que le debía la APDAYC y en la seguridad que las cobraría, Don Pedro nos llevó a todos a ver las maquetas de una casa. Su plan era pagar la cuota inicial y mudarnos cuanto antes. Pero eso nunca sucedió porque nunca le pagaron. A los pocos meses fuimos arrojados a la calle, con todos nuestros enseres y mi hermano de pocas semanas de nacido.

Retomemos los días del gobierno militar. El experimento socialista emprendido por el Gral. Juan Velasco Alvarado durante la primera fase cambió realmente muchas cosas, pero no para bien. Por ejemplo, la industria nacional fue protegida cerrándole el paso a las importaciones. Medidas de este tipo se consideraban "nacionalistas" y eran aplaudidas con altas dosis de histeria anti imperialista (la retórica revolucionaria es algo que merece un análisis aparte) con los diarios confiscados exaltando hasta el delirio cada medida del gobierno a páginas enteras. Se idolatraba la figura de Túpac Amaru como símbolo de la revolución, cuidando de no resaltar el hecho que fue un gamonal de cuidado. Se cambiaron de nombre las avenidas que lucían apellidos norteamericanos, como la Av. Pershing que pasó a llamarse José Faustino Sánchez Carrión, la Av. Wilson se convirtió en Inca Garcilaso de la Vega. Se expulsó a empresas yanquis, como la Occidental Petroleum Company, luego de expropiar sus instalaciones y pagar hasta el último centavo de manera casi secreta. Hasta se llegó a combatir la Navidad y sus "símbolos yanquis" como Papa Noel y el árbol bajo la nieve con la tesis de que no reflejaban nuestra realidad. Se rechazó la venta de revistas de Superman y Super Ratón, entre otros, por ser personajes que alienaban la mente infantil con símbolos del imperialismo. Se alentó el nacionalismo obligando cantar el himno nacional cada seis horas y con la mano en el pecho. Incluso se cambió el himno para eludir la primera estrofa que a ojos revolucionarios, resultaba humillante.

En medio de tanto delirio y simbolismo nacionalista, se nos impuso la obligación de comprar productos hecho en el país, cancelando la libre importación. No había opción de elegir. Estábamos condenados a consumir patrióticamente lo que el Perú producía. Sin duda el sector industrial doméstico estaba feliz con tal medida. La obvia consecuencia de tener un mercado cautivo, sin posibilidad de competencia, fue que nunca tuvieron ningún interés ni razón alguna para mejorar sus productos ni sus métodos de producción. Muchas empresas operaron en condiciones monopólicas pues eran los únicos fabricantes. La supuesta protección nacionalista a la industria impedía que se importaran productos que eran fabricados en el Perú. Estábamos condenados a soportar la mediocridad y el abuso propio de los monopolios protegidos por el Estado nacionalista. Paradójicamente ese gobierno que se declaraba nacionalista a gritos, fue el causante del peor desastre de la producción nacional al afectar la estructura empresarial y la propiedad de las empresas, eliminar la competencia internacional e impedir las inversiones extranjeras.

Recuerdo casos tragicómicos que ilustran las nefastas consecuencias de este tipo de medidas. El gobierno había favorecido la instalación de una fábrica (en realidad ensambladora) de motocicletas checas de marca CZ, cuyo único modelo se vendía en el único color, marrón. Se trataba de una industria socialista a cargo del Estado Checo y la empresa peruana a su cargo, era para colmo, una empresa de propiedad social, es decir comunitaria. En buena cuenta era un nuevo experimento de empresa socialista. Tan malas resultaron esas motos que no podían subir las cuestas y la empresa no ofrecía ninguna garantía. Para competir con ese desastre un ingeniero que había obtenido la representación de Honda del Japón en el Perú, el Ing. Octavio Mavila Medina, decidió instalar una "fábrica" de motocicletas Honda. En realidad las motos llegaban desarmadas y acá se volvían a armar ganando así la categoría de fabricación nacional. Para aprovechar aún más las ventajas de un sistema político absurdo, la famosa "fábrica" se instaló en Iquitos debido a que la selva había sido exonerada de impuestos, supuestamente para promover su desarrollo.

De este modo las motos Honda invadieron la selva y se impusieron rápidamente en todo el Perú al ser prácticamente un monopolio protegido por el Estado. En realidad nunca hubo una fábrica nacional de motos, nunca hubo transferencia de tecnología, la selva no se desarrolló por la exoneración de impuestos, y los consumidores peruanos tampoco fueron favorecidos porque los precios eran muy elevados y carecían de opciones de compra. Al final todos fuimos perdedores, excepto los mercantilistas que se aprovecharon de las deficiencias de un estúpido sistema político dirigido ideológicamente con un patrioterismo delirante. Los únicos que hicieron grandes fortunas fueron los empresarios, los que supieron aprovechar el momento, pues cuando todo ese mundo absurdo llegó a su fin unos años después, la mayoría no pudo evitar la quiebra al ser incapaces de competir. Cuando el gobierno nacionalista llegó a su fin, Perú había retrocedido un par de décadas en cuanto a competitividad, frente a vecinos como Colombia y Chile. Ese fue el gran logro del nacionalismo robolucionario que dejo el gobierno golpista de los 70s en Perú.

Durante la segunda fase del gobierno militar se intentó reparar en algo el daño cometido a la economía nacional, pero el desastre era de tal magnitud que el Perú tardaría veinte años o más en recuperarse. No solo el agro peruano estaba en escombros, sino que el Estado era un monstruo gigantesco ataviado de empresas públicas que perdían dinero cada año. Las que antes fueron gigantescas industrias agroexportadoras en la costa norte del Perú habían pasado a ser cooperativas agrarias en manos de sindicatos llenos de ineptos y corruptos. Su producción decayó tanto que ni siquiera cubría las necesidades nacionales. Los peruanos tuvimos que olvidarnos de la azúcar blanca y resignarnos a la rubia. Peor aún, la escasez agrícola llegó a la papa, tubérculo oriundo del Perú. ¡Llegamos a la humillación de tener que importar papas de Holanda! Hasta el famoso pollo a la brasa se vendía con camote frito en vez de la tradicional papa frita. El gobierno militar se vio en la necesidad de crear el Ministerio de Alimentación para importar todos los alimentos que el agro había dejado de producir y la industria local no proveía. Ese fue el resultado de la famosa reforma agraria y de la reforma industrial del nacionalista (socialista diría yo) gobierno revolucionario de las FFAA.

Como un preludio de lo que años más tarde sería el desplome mundial del absurdo mundo socialista y comunista, todos los experimentos socialistas fracasaron en Perú. Nunca se podrá olvidar los abusos, las tropelías y el estropicio cometido, como el vil despojo del que fueron víctimas los hacendados a quienes nunca se les pagó el importe de sus tierras, ni su ganado, ni su maquinaria robada. Fue en todo sentido una actuación propia de delincuentes y pervertidos mentales con poder. Su prepotencia y prédica de odio de clases contaminó para siempre las interrelaciones de la sociedad peruana.

Ante la convocatoria a elecciones para la Asamblea Constituyente, Morales Bermúdez dio algunas señales de apertura política concediendo ciertas libertades, lo cual permitió la circulación de diarios y revistas de oposición y el retorno de viejos líderes políticos como el mítico líder aprista Víctor Raúl Haya de la Torre y el ex presidente Fernando Belaúnde Terry. Otro arribo muy celebrado por la izquierda local, fue el de Hugo Blanco, ex guerrillero implicado en acciones armadas de toma de tierras en 1962. Hugo Blanco fue capturado, juzgado, sentenciado y finalmente amnistiado y deportado por el entonces presidente Gral. Juan Velasco Alvarado en 1970. Aunque fue enviado a México, Hugo Blanco nunca dejó de buscar su participación política como agitador y guerrillero comunista. Viajó a Argentina, donde el gobierno lo deportó más tarde a Chile. Allí se desempeñó en el gobierno de Unidad Popular hasta que el golpe de Pinochet lo obligó a asilarse en la embajada de Suecia. Entonces se dirigió a Europa y permaneció allí hasta su retorno al Perú. Hugo Blanco fue el motor de la izquierda peruana durante la campaña de 1978 y el principal responsable de la alta votación alcanzada por la izquierda en ese entonces.

Como parte de la "salida honrosa" de las FFAA del Palacio de Gobierno y su necesario retorno a los cuarteles, el General Francisco Morales Bermúdez fue muy enfático en exigir que la nueva Constitución debía consagrar los logros revolucionarios de las FFAA. Había sido de tal magnitud el desastre ocasionado al país que, aparentemente, los militares pedían al menos una concesión retórica en la Constitución respecto de sus platos fuertes: la reforma agraria y la comunidad industrial. El pedido castrense fue mal tomado por parte de los políticos, quienes desaprobaron de plano tales imposiciones. Uno de los que rechazó de manera frontal cualquier forma de condicionamiento fue Víctor Raúl Haya de la Torre. Por su parte el ex presidente Fernando Belaunde Terry se negó a participar en la Asamblea Constituyente y exigió que los militares simplemente regresen a sus cuarteles y convoquen a elecciones libres. La izquierda en cambio se preparaba para participar por primera vez en una contienda electoral, con el deseo de plasmar sus ideas socialistas en la Constitución. Sin embargo y siguiendo su infantil tendencia a la fragmentación, la izquierda no pudo presentarse unida a las elecciones. La izquierda siempre contó con un sector radical que mantuvo su rechazo hacía lo que consideraba "democracia burguesa". Ellos seguían ansiosos por hacer realidad su sueño de la revolución armada y la conquista del poder por las armas mediante una guerra popular del campo a la ciudad, lo demás era "electorero".

Los militares no estaban en posición de imponer condiciones y sin embargo el Gral. Morales Bermúdez había llegado a decir que habría una transferencia de gobierno, más no de poder, y que este permanecería en manos de las FFAA como "instituciones tutelares de la patria". En realidad ya no podían seguir reprimiendo el descontento popular. La crisis económica era aplastante y no se solucionaría con medidas socialistas. Desde aquellos días empezaron a hacerse clásicos y famosos los mensajes a la nación a cargo de los ministros de economía. Cada vez que estos aparecían en la TV era solo para dar malas noticias. Sus anuncios se referían siempre a los nuevos precios que empezarían a regir desde la media noche, los que incluían invariablemente un alza del precio de la gasolina. Entonces se producían de inmediato las enormes filas de autos en las estaciones de combustible. Ya ni siquiera hacía falta escuchar al Ministro, bastaba con el anuncio de un mensaje para correr rápidamente a formar fila en los grifos y a comprar de todo en los supermercados.

Así fue como surgieron las "bolas" o rumores políticos que circulaban de boca en boca por todo Lima. Esta situación no cambió en los primeros gobiernos que sucedieron a los militares. El último Ministro de Economía en dar un mensaje a la nación fue Juan Carlos Hurtado Miller, Ministro de Economía de Alberto Fujimori y autor del famoso "fujishock". Las medidas fueron de tal magnitud que su mensaje acabó con la frase "Que Dios nos ayude". Nunca más se vería a otro Ministro de Economía anunciando nuevos precios por vía televisiva.

Las elecciones para la Asamblea Constituyente de 1978 favorecieron al partido aprista que obtuvo el 35% de los votos, siendo su líder Haya de la Torre el más votado, por lo que le correspondió presidir la Asamblea. En segundo lugar quedó el Partido Popular Cristiano con un 24% de los votos. El conglomerado de partidos de izquierda alcanzó en conjunto un 30% de la votación, lo cual sorprendió a todos. El candidato más votado de la izquierda fue Hugo Blanco. Sin embargo, sus limitaciones intelectuales y sus carencias políticas lo relegaron a una participación más bien exótica y decorativa. Fueron otros los líderes de izquierda que aparecieron en ese escenario.

La Asamblea Constituyente de 1978 se convirtió en el escenario al que se trasladó el debate ideológico propio de aquellos años. Más que enfocarse en un proyecto de país, el trabajo político consistió en hacer prevalecer su propia visión ideológica. Este debate se llevó a cabo básicamente entre el Apra y la izquierda, sirviendo como bisagra el PPC. El debate adquiría proporciones ridículas como cuando se debatía la definición del Perú. Para los apristas debía ser una "república de trabajadores manuales e intelectuales", y para la izquierda debía ser una república socialista de trabajadores. El resultado fue que se le definió como una república democrática y social, basada en el trabajo. El exceso de contenido ideológico fue la clave del fracaso de esa Constitución, que empezó no por la definición de la república sino por la declaración universal de los derechos del hombre.

Otra muestra de la absurda exuberancia retórica de esa Constitución estaba nada menos que en el régimen económico. Las declaraciones líricas abundan señalando los modelos típicos de las repúblicas socialistas de entonces, como la planificación. Llegaba a decir que *"El Estado formula la política económica y social mediante planes de desarrollo que regulan la actividad de los demás sectores. La planificación una vez concertada es de cumplimiento obligatorio"*. En los hechos la economía estaba en manos del Estado, quien podía actuar empresarialmente y reservarse incluso sectores completos, amparado en el mágico y misterioso concepto del "interés nacional". El Estado planificaba y regulaba.

Los conceptos místicos abundaban en la Constitución de 1979. Se referían, por ejemplo, al interés nacional, la justicia social, el interés social, etc. Hasta el comercio internacional era supeditado a alcanzar un "orden económico justo". A los ojos del sector empresarial nunca quedó claro qué significaba toda esa palabrería política que se leía en el capítulo del régimen económico. El artículo 110 decía que el régimen económico se fundamentaba en "principios de justicia social" y eso no era otra cosa que intervención del Estado con rigurosidad socialista en el quehacer industrial, comercial y financiero del país cuando así lo considere necesario. ¿Estatización? Era obvio que la Constitución de 1979 había nacido con un gen dominante de economía heterodoxa para los más optimistas y con cara socialista para los más avisados. Tal particularidad, claramente permitía y hasta impulsaba la participación del Estado en la economía nacional a través de empresas públicas y planes de desarrollo que podían llegar a ser marcos normativos obligatorios a seguir para las empresas privadas.

Por otro lado, no nos olvidemos que existían alrededor de 150 empresas públicas que el gobierno del Gral. Velasco conformó a base de estatizaciones –gobierno de Primera Fase– entre las cuales estaban mineras, pesqueras, comercios, entes de comunicaciones, hoteles, aerolíneas, etc. Lo único que le faltó al Estado fue manejar cines y burdeles. Aunque ya había una ley del cine. Hubo una gran variedad de empresas en manos del Estado en rubros que no tenían nada de estratégicos. Además estaba la mantecosa burocracia destinada a regular cada segmento de la vida como el deporte y la cultura, los cuales también decayeron. Las empresas estatales daban un pésimo servicio y dejaban pérdidas millonarias. El monto perdido por estas empresas en los 20 años de su funcionamiento llegó a exceder el total de la deuda externa calculado entonces en unos 25 mil millones de dólares. Todo ese enorme lastre hundió a Perú en una severa crisis económica durante los 80s, que fue, en todo sentido, otra década perdida. Ya se había perdido antes la década de los 70. Fueron dos décadas pérdidas que hizo retroceder medio siglo al país.

En 1980 ganó las elecciones presidenciales el arquitecto Fernando Belaunde Terry, con un amplio margen sobre el candidato aprista Armando Villanueva del Campo. Su primer acto de gobierno fue promulgar la nueva Constitución y enseguida procedió a devolver los diarios confiscados a sus legítimos propietarios. Lástima que las devoluciones no se extendieron a otros rubros, como el agro y la industria. Belaunde no tuvo el apoyo partidario para eliminar de un solo plumazo todos los experimentos socialistas heredados de los militares, y se limitó a gestionar la crisis. El manejo de la economía corrió a cargo de Manuel Ulloa Elías, pero ni su genio, astucia y contactos pudo evitar la debacle de un Estado sobredimensionado, con una planilla impagable, y con una economía dependiente de empresas públicas deficitarias. Aunque incentivó la inversión extranjera la crisis siguió agravándose sin ninguna posibilidad de solución. La misma Constitución era un peligro pues no ofrecía la seguridad de un marco jurídico apropiado para qué las grandes empresas pudieran hacer grandes inversiones. Para colmo había empezado su accionar demencial uno de los grupos más radicales de la perturbada izquierda peruana, convirtiéndose en la secta terrorista más letal de Latinoamérica: el Partido Comunista del Perú - Sendero Luminoso. Mientras estos actuaban inspirados en el maoísmo y se hacían fuertes en la sierra asesinando impunemente a campesinos, en la ciudad aparecía otro grupo terrorista de izquierda pero con inspiración castrista: el

Movimiento Revolucionario Túpac Amaru. Irónicamente surgieron justo cuando el mundo comunista se caía a pedazos.

Ante estas formas extremistas y criminales de la izquierda local, la facción electoral de la misma, representada en el Congreso prefirió callar. Ellos optaron por dedicarse a cuestionar el accionar de las FFAA y de la policía, obstaculizando las leyes que se proponían para enfrentar el terror. Las principales acciones de la izquierda electoral en el Congreso apuntaron a formar sendas comisiones investigadoras de cuantas acciones emprendían las FFAA, llamando a declarar a los generales para inculparlos de todos los delitos posibles. Quizá la hora más negra de la izquierda peruana fue cuando responsabilizaron a las FFAA y a los Sinchis (una unidad especial de la policía) de la masacre de Uchuraccay, en donde fueron asesinados seis periodistas y su guía a manos de los propios campesinos. Aterrorizados por las incursiones senderistas, los campesinos habían confundido al grupo de periodistas con terroristas, dándoles muerte sin piedad en enero de 1983. La izquierda en pleno organizó el carga montón contra las FFAA y la policía culpándolos por esa masacre. Incluso rechazaron el informe de la Comisión encabezada por Mario Vargas Llosa, que investigó los hechos con encono. Desde ese momento la izquierda legal se parapetó en el ataque jurídico al Estado y a las FFAA como complemento del accionar subversivo de la izquierda ilegal.

Durante el primer gobierno de Alan García Pérez, yo concluía mis estudios secundarios. A los pocos meses viaje hacia Amazonas y particularmente a un pueblito llamado Ponaya, ubicado en la frontera de Chachapoyas y Luya. Ponaya es una villa muy pequeña, caprichosamente escondida entre las montañas y que el dedicado geógrafo italiano Antonio Raimondi llamara Selva Alta o Rupa-Rupa. Mis padres, mis abuelos y casi todos mis ancestros provienen de ese lugar salpicado de flores y de clima tropical.

Después de unos meses de contacto con la naturaleza y la familia regresé a Lima. En uno de tantos partidos de fútbol, mi padrastro Don Pedro, me había estado observando y muy seguro de su ojo clínico, arregló una cita con un amigo suyo para probar mis aptitudes en el Club Deportivo Municipal. Esa añeja academia de futbolistas es toda una institución del fútbol nacional y el Sr. Villanueva era por esos tiempos, uno de sus dirigentes. Gustavo "el polaco" Merino, era el entrenador del popular "Muní", como era conocido por sus hinchas. El equipo entrenaba en un campo cedido por la Centro de Altos Estudios Militares, a donde acudí a entrenar con un amigo del barrio y habilidoso delantero: Cesarego.

En cuestión de semanas tuve que decidir mi futuro entre el fútbol y una carrera en la Universidad Nacional Mayor de San Marcos. De modo que no pasé mucho tiempo entrenando en el club. Guardo lindos recuerdos de mi paso fugaz por el Club Deportivo Municipal. Recuerdo que mi madre trabajaba cosiendo ropa en un reducido taller de confecciones a pocas cuadras de la casa donde hasta el día de hoy vive. En una ocasión me animó a trabajar en el taller y aprender el negocio para comenzar uno propio. Pocas semanas después teníamos todo lo necesario para iniciarnos en el negocio de las prendas de vestir y esta sería mi primera inclusión en el mundo de los negocios. La Derecha Popular se ensanchó ese día con un miembro más.

Cuando en 1985 Alan García tomó las riendas del gobierno peruano por primera vez, el país languidecía. Esta fue la primera ocasión en que la oclocracia se hacía sentir en las elecciones imponiendo al peor de todos los candidatos. Alan García era apenas un mozuelo sin edad política suficiente. Era parte de una joven generación de apristas inexpertos que habían crecido a la sombra de la dictadura, alimentándose durante la sequía democrática con los textos fundamentales del aprismo, es decir, las tesis que Haya de la Torre había plasmado en los años 30 en "El Antiimperialismo y el Apra". La receta para un desastre de proporciones diluvianas.

Sin mayor experiencia política que su paso conflictivo por la Cámara de Diputados, donde en una ocasión fue aparatosamente humillado por Manuel Ulloa Elías, no había nada más en el currículum de Alan García que lo hiciera digno de la presidencia. Su elocuencia y desplante no bastaron para resolver los álgidos problemas que ya asolaban al país. Ante la ignorancia y orfandad teórica, García apeló a la improvisación llamando al caos doctrinal "heterodoxia". Llevado por una lógica elemental de corte escolar, asumió que bastaba inyectar dinero en los bolsillos de la gente para aumentar el consumo y lograr así el efecto directo de dinamizar la economía. Mal!

La famosa "heterodoxia" era en realidad una mezcla fatal de ingenuidad, ignorancia y estupidez. A lo que cabe añadir enormes dosis de arrogancia que más tarde el propio Alan García justificaría apelando a las buenas intenciones. Todo lo que produjo al inyectar dinero (con la maquinita) a la economía, fue inflación. Una incontrolable inflación que desapareció la moneda. Los dígitos de las calculadoras no alcanzaban para introducir las cifras. Hubo que crear una nueva moneda cada dos años. Primero fue el inti y luego el "inti millón". Al final incluso los bancos se quedaron sin efectivo. Los empleados públicos corrían de agencia en agencia buscando una oficina del Banco de la Nación que pudiera hacerles efectivo sus cheques de salario. No había manera de hacer un presupuesto. Desapareció el crédito y los ahorros que estuvieron en soles a principios del gobierno simplemente se esfumaron, al igual que las deudas. Se convirtieron en centavos.

El éxito de la reactivación económica estaba peligrosamente supeditado al incremento del volumen de inversiones, el cual tenía que tomar cuerpo antes que las reservas netas se agotaran. La política económica del gobierno aprista y la Constitución de 1979 no despertaban el interés por invertir de los consorcios extranjeros pero si el de los "12 apóstoles" (como se conoció a los grupos económicos locales que apoyaron a Alan García) quienes después de haber sacado provecho de la situación se suponía reinvertirían en el país –según lo pactado- cosa que no hicieron. Algunos entendidos especulan que eso desencadenó el intento de estatizar la banca privada local por parte de los apristas. Seguidamente, los subsidios al combustible y alimentos, los gastos que provocaron el terrorismo destructivo, el dumping –venta baratísima de un producto "caro"- las importaciones sin control, el contrabando y la descalificación que nos endilgo el Fondo Monetario Internacional imitado por el Banco Mundial para futuros préstamos, precipitó la economía nacional a niveles de desempleo y devaluación monetaria propia de una Alemania después de la II Guerra Mundial. ¿Cómo olvidar los billetes de 5 millones?

El delirio aprista era total. Todas las medidas adoptadas por Alan García no se basaron en el sentido común sino en la más pura intuición, ignorando que también la ciencia económica, como la Física, suele ser contra intuitiva. Todas sus medidas económicas fueron equivocadas. No fue más que el intento de controlar la economía por el Estado. Apeló al control de cambios, al control de precios, al control de las divisas, al subsidio, al apoyo del empleo abriendo las puertas de las oficinas públicas a la más gigantesca empleocracia jamás vista. Para colmo resucitó el discurso antiimperialista y nacionalista, con lo cual rechazó el pago de la deuda externa y se confrontó con el FMI en aras de la soberanía. Todo lo que consiguió fue agrandar la deuda y que el Perú sea declarado inelegible para créditos futuros. De este modo Alan García se puso la soga al cuello. Lo único que le quedó fue apelar a la maquinita del Banco Central exigiendo, al mejor estilo de Idi Amín, que le imprima más dinero.

En medio de tal caos, comenzaron mis estudios en la Universidad Nacional Mayor de San Marcos, pero antes, un grupo de compañeros estudiantes y yo nos propusimos formar un Comité de Lucha de Traslado Interno o CLT en nuestro primer año. El examen de admisión a la UNMSM siempre fue uno de los más disputados y las vacantes insuficientes para la enorme cantidad de postulantes. En los 80s de cada 60 postulantes sólo ingresaba uno. Entonces la mejor estrategia parecía ingresar de cualquier modo y apuntando a las carreras con menor puntaje, para luego trasladarse a la deseada. Pero el inconveniente fue que las vacantes para el traslado interno también resultaban insuficientes. Sin saberlo yo había decidido postular a una carrera de bajo puntaje pensando trasladarme después al programa de Medicina. Lejos estaba de saber lo difícil de tal empresa.

Para entonces, mi padrastro tenía un amigo de alta graduación en la que era por ese entonces la Guardia Republicana y le confió lo feliz que estaría de verme en la Escuela de Oficiales. El amigo Coronel le dijo: Pedro, dalo por hecho. Y así, entre tazas de café y sanguchitos, mi futuro se decidió en cuestión de minutos. Por desgracia o por suerte, nunca lo sabré, en 1985 el recién asumido presidente Alan García Pérez firmó un extraño Decreto Supremo que suspendía los ingresos a las escuelas de oficiales en las tres fuerzas policiales: La Guardia Republicana, la Guardia Civil y la Policía de Investigaciones.

Pero las sorpresas no quedaron allí. En 1985 ingresé inesperadamente con el puntaje suficiente como para ir directamente a la Facultad de Medicina pero... ¡Había ingresado a Enfermería! Aunque esta carrera pertenecía a la Facultad de Medicina.

Apenas unos meses en la vida universitaria, y cuando aún no pasaba la novedad de mis clases en la Facultad de Medicina, tuve los primeros encuentros con los dirigentes estudiantiles universitarios. La izquierda era sinónimo de rebeldía, revolución, marchas de protesta y también ya, de lo clandestino. En la universidad conformaban una Torre de Babel, pues cada quien hablaba su propio idioma y nadie se entendía. En lo único que estaban de acuerdo era en rechazar al imperialismo yanqui y en suspender las clases para ir a marchar gritando consignas. La segmentación de la izquierda universitaria era tan infantil y ridícula que los estudiantes pasábamos de la desazón a la risa en cuestión de minutos. Las facciones comunistas se enfrentaban generalmente para dominar el comedor universitario, donde se hallaba buen número del alumnado.

En tan variopinta aglomeración de ideologías coexistían marxistas-leninistas, trotskistas, maoístas, castristas, albaneses, socialistas y hasta anarquistas, sin obviar claro a los apristas que luchaban por ganar presencia en la dirigencia. El discurso de los dirigentes estudiantiles era de lo más pobre y trillado. Era un reiterado abuso de etiquetas tales como electoreros, lacayos, burgueses, revisionistas, imperialistas, pro-yanquis, represores, fachos, vende patrias y otros. Las consignas eran igualmente una repetición cansina de frases cliché que alguien gritaba para que los demás lo repitieran, cual coro de estúpidos mecanizados y agitando el puño en alto. Cuando los ánimos se caldeaban al cabo de unas cuantas acusaciones mutuas entre los minúsculos grupos que se disputaban los espacios, en círculos de oradores y maulladores de consignas, las diferencias pasaban a ser zanjadas a golpes y garrotazos, cuando no a balazos. El espectáculo de los estudiantes de izquierda en la universidad no podía ser más patético y lamentable. Era un signo claro y evidente de lo pueril y decadente de la política en esos tiempos.

Recomendable leer...

"El golpe de Velasco se gestó desde que asumió Comandancia General del Ejército y la presidencia del Comando Conjunto. Miles de veces se acusó al autócrata de ser un enemigo de la democracia y se le vinculó a la ultraizquierda por sus complotadores acompañantes: Rafael Hoyos Rubio, Jorge Fernández-Maldonado, Leonidas Rodríguez Figueroa y Enrique Gallegos Venero, todos generales de ultra izquierda" (Dante Bobadilla, *El septenato*).

"El gobierno militar peruano de 1968-80 desafió las expectativas y las categorizaciones derivadas del trabajo académico sobre el carácter y la ejecutoria de sus homólogos, pasados y presentes, en otros países latinoamericanos.2 Una anomalía clave es el hecho de que el movimiento obrero y la izquierda no fueron eclipsados, sino que salieron fortalecidos por el periodo de régimen militar en su capacidad movilizadora y su presencia electoral" (Evelyne Huber Stephens, *El gobierno militar peruano, la movilización obrera y la fuerza política de izquierda*)

"El 28 de julio de 1985, Alan García tuvo dos opciones: Continuar con el programa *ortodoxo* del FMI o probar una receta distinta, *heterodoxa*. En vista de la debacle de los últimos años, se esperaba un cambio de curso. Pero éste terminó siendo tan radical como aquel propuesto por la izquierda. En efecto, los lineamientos principales de García correspondían a los planteamientos económicos de Izquierda Unida"

(Hagamos Memoria, *Primer gobierno de Alan García 1980-1985*).

CAPÍTULO QUINTO

UNIVERSIDAD DE LA CALLE

"La más grande contribución de la izquierda al mundo, es la certeza, que la derecha siempre será necesaria"

La Federación Universitaria de San Marcos-FUSM, estaba controlada por el Partido Comunista del Perú-Patria Roja. El Secretario General era un sujeto conocido como "Manotas" (le faltaba un par de dedos) y fue él quien nos recibió en un salón de la Facultad de Derecho de la Ciudad Universitaria. El aula se hallaba totalmente pintarrajeada con lemas comunistas que alentando la lucha armada. Los vidrios de las ventanas estaban rotos y la puerta carecía de chapas porque se las robaban en un santiamén. Nos acomodamos en las carpetas haciendo un círculo. Éramos cuatro los compañeros que habíamos decidido formar el "Comité de Traslado Interno" para pujar por más vacantes de traslado interno y acelerar el proceso. Queríamos saber si "Manotas" estaba dispuesto a apoyarnos en el Consejo Universitario, ya que una buena parte del Tercio Estudiantil era de los suyos.

Viendo todo aquello en retrospectiva puedo afirmar que, a despecho de lo que suele creerse sobre la vehemencia juvenil, también existe una buena dosis de pragmatismo en los jóvenes, el cual se hace patente en sus arremetidas contra lo que consideran problemas solucionables. Así fue como nosotros siempre confiamos en la realización de nuestro proyecto, a pesar de algunas voces pesimistas y malagüeras. El único financiamiento de nuestro Comité de Lucha partía de nuestros magros bolsillos de estudiantes universitarios.

Confeccionamos y pegamos toda clase de propaganda con la idea de comunicar nuestra existencia y anunciar nuestras demandas. Llenamos de avisos las paredes que circundan la Ciudad Universitaria. Incluso llegamos hasta la Facultad de Medicina y a la de Veterinaria en San Luis, convocando a los estudiantes con intenciones de trasladarse a otras carreras profesionales. Como era previsible, la respuesta no fue muy auspiciosa en los primeros días, pero con el devenir de las reuniones, los estudiantes interesados en trasladarse crecieron exponencialmente. En algún momento nuestras reuniones llegaron a ocupar alrededor de dos amplios salones porque no había disponible una tercera.

Después de algún tiempo, logramos que las autoridades universitarias de la UNMSM y la FUSM, como también el Tercio Estudiantil, nos reconocieran como el único organismo a través del cual se pre-inscribían los trasladantes. No fue fácil tal reconocimiento. Tanto así que nos vimos en la obligación de organizar marchas de protesta y llevar a cabo otras medidas de fuerza como la toma del Anfiteatro de Anatomía Humana, las oficinas del Decanato de Medicina (donde Canal 2 me hiciera una entrevista) y la Asamblea Universitaria en Pleno.

Al cabo de meses de arduas y desgastantes negociaciones pudimos obtener un aumento del número de vacantes en todas las carreras ¡Hasta en un 600%! En estas líneas debo reconocer el don de gente y la extraordinaria sencillez del que fuera Rector en ese entonces, el Dr. Roque Gastón Pons Muzzo, uno de pocos que nunca se mostró obcecado o beligerante para con nuestros reclamos. Años después tuve la oportunidad de encontrarme con él en Argentina, yo estudiaba Ciencias Médicas en la Universidad Nacional de Rosario. Fue muy grato volver a conversar con el Rector en unas circunstancias más relajadas.

Los exámenes de traslado interno fueron tan escandalosamente rigurosos en unos casos y tan exageradamente manipulados en otros, que muchos quedaron fuera. Inclusive, algunos que nunca participaron de la lucha pudieron trasladarse de carrera sin dificultad alguna. Este caso se vio en el examen de traslado hacía Derecho, pues esta Facultad aprobó una cantidad de vacantes mayor al número de candidatos, así que el examen fue un mero trámite administrativo pues todos ingresaron. Lo contrario ocurrió en Ciencias

Médicas cuya cantidad de vacantes fue exigua e insuficiente.

Para entonces era de dominio público que las universidades estatales estaban siendo infiltradas por la que luego sería la banda terrorista más demencial y destructiva de Sudamérica: Sendero Luminoso. Este grupo trataba de ganar adeptos entre los docentes y gremios estudiantiles, bien por convencimiento o mediante amenazas directas. Debido a la autonomía universitaria, los policías y/o militares no podían ingresar al recinto universitario y hacer arrestos sin previa aprobación de la Universidad. Así que las FFAA y la policía resolvieron infiltrarlas también. Había muchos policías camuflados de estudiantes que actuaban como si lo fueran. Aunque no resultaban muy evidentes, era algo que se sabía.

Ante el criminal accionar terrorista de Sendero Luminoso y el MRTA, el gobierno aprista respondió con una represión extrema, dejando que los militares actuaran a su libre albedrío, lo que derivó inevitablemente en una serie de graves excesos en contra de la población civil. Algo que Sendero Luminoso parecía haber estado esperando para usarlo como excusa para su demencial actividad.

En 1987 los Infantes de Marina fueron enviados a intervenir tres recintos universitarios de la capital, entre ellos la UNMSM y esto debido a fundadas sospechas de ser centros de adoctrinamiento y guarida de terroristas. El asalto a la residencia universitaria se produjo de madrugada, mientras aun dormían los estudiantes y senderistas. Cientos de ellos serían tomados presos. Se contaba que un guardián de seguridad fue acribillado a balazos por tratar de comunicarse con el Rector desde una caseta de control. Al final del operativo policial, la Universidad parecía haber sido arrasada por las hordas salvajes de Atila pues diversos archivos fueron saqueados e incluso valiosos instrumentos y equipos de laboratorio fueron arruinados durante el violento asalto de los recintos universitarios.

Hasta un perro murió. "Letras" era un perro de regular tamaño y raza inentendible, pero que todos en la Ciudad Universitaria conocíamos, aunque nadie sabía a ciencia cierta cómo fue que llegó. Los estudiantes lo habíamos adoptado como mascota. Era común verlo deambular por los alrededores de la Facultad de Letras y fue así como se ganó su nombre. Aquella aciaga madrugada de 1987 en que los Infantes de Marina tomaron por asalto la Ciudad Universitaria, Letras fue el primero en alertar con sus ladridos al personal de seguridad, pero desafortunadamente cayó abatido por la metralla. Este noble can fue la primera víctima del asalto, pero nunca figuró en la lista de bajas. Me atrevería a decir que este es el único caso en el mundo de un perro que pierde la vida defendiendo un claustro universitario. In Aeternum amigo "Letras".

Debido a esta desafiante violación de la sacrosanta autonomía universitaria por parte del gobierno aprista, las principales universidades de la ciudad capital, tanto nacionales como privadas, convocaron a una marcha de protesta liderada por los gremios estudiantiles, pero esta vez incluyó a docentes y autoridades de la UNMSM. Para entonces mi nombre era ya conocido en los corrillos dirigénciales sanmarquinos, estudiantado y profesores, pues había sido en su momento Secretario General del Comité de Lucha de Traslado Interno, motivo más que suficiente para ser invitado a tal marcha de protesta.

Los organizadores querían mostrar la unidad ante tamaño atropello perpetrado a la Universidad Decana de América, la más antigua de esta parte del hemisferio. Las demás universidades participaron porque también temían ser objeto de un asalto a sus claustros y, lo que era peor, que también intervengan su currícula educativa, la independencia administrativa o el manejo de su presupuesto.

Para entonces yo era consciente de que mi presencia en la marcha era requerida básicamente para motivar la participación de los estudiantes apolíticos –que eran más de lo que uno podía suponer- y reacios a compartir causa alguna con la dirigencia estudiantil, ya que esta se hallaba plenamente politizada por izquierdistas furibundos y -en su gran mayoría- por infiltrados terroristas de Sendero Luminoso. Además, cuando organizamos el CLT-87, acordamos que para ser parte del comité como dirigente o trasladante era requisito no mezclar la política con nuestro objetivo. Yo respeté ese acuerdo hasta el final y no sería carnada de los rojos.

La marcha estudiantil fue de dimensiones multitudinarias. Era la primera vez que una justificada indignación unía a los estudiantes, profesorado y trabajadores en una sola protesta masiva, codo a codo y ocupando las anchas avenidas del centro de la ciudad. El tráfico a esas horas de la tarde colapsó en el centro de la capital y muchos bajaban de los autobuses –yo también- para continuar a pie. ¡Qué lejos estaba de saber que los sucesos de esa tarde darían un rumbo distinto e insospechado a mi algo calmada vida de estudiante universitario!

El gobierno de Alan García nunca contempló la idea de cambiar de estrategia y continuó cometiendo los mismos errores en su lucha contra el terrorismo. En lugar de ganarse a los campesinos con un plan de asistencia -por ejemplo- los acosaba tan igual que los terroristas de Sendero Luminoso. Peor aún: veía sospechosos en cada comunidad. Con los universitarios ocurrió otro tanto pues si por desgracia los policías o soldados detenían un autobús, eran los pasajeros sin identificación y estudiantes de universidades estatales los obligados a bajar. Una vez detenidos eran sometidos a un rápido interrogatorio, pues se les consideraba potenciales sospechosos de terrorismo. Por tal motivo me vi obligado a dejar la identificación de estudiante y pagar pasaje completo en vez del universitario y así evitar problemas.

La marcha estudiantil fue tan numerosa y desparramada a lo largo y ancho de las calles, que no había manera de evitarla desde un autobús de transporte público, así que tomé la decisión de caminar por entre la enorme marea de estudiantes hasta llegar a alguna calle donde circulara algún autobús que me lleve a casa. No había caminado ni 30 metros cuando la policía, que hasta esos momentos solo observaban inmutables, recibió la orden de dispersar a los revoltosos universitarios desatándose el caos.

Fortísimos chorros de agua, varazos a discreción y bombas lacrimógenas fueron repartidos con generosidad por la policía. La gente corría a guarecerse del vendaval represivo y yo tuve que hacer lo mismo. La consigna policial era detener a los dirigentes para llevarlos a la Dirección Contra el Terrorismo - DIRCOTE- donde serían interrogados en busca de nexos con la banda de Sendero Luminoso y MRTA.

Esa mañana no pude correr tan rápido ni pasar desapercibido en una librería a la que me había introducido buscando confundirme entre la gente. Me detuvieron y fui conducido a una comisaría policial del centro de Lima. Mientras esperaba turno para rendir mi declaración recordé que en el bolsillo posterior del pantalón tenía unos volantes que alguien me entregó en la marcha. Hice una pequeña bola con los papeluchos y los arrojé entre unos arbustos sin percatarme que entre nosotros había un agente vestido de civil, observándonos.

Separado del resto, fui rápidamente trasladado junto a otro par de estudiantes a los calabozos de la Av. España, donde me encontré con otros sanmarquinos que ya conocía por el Comité de Lucha de Traslado Interno. Entre los detenidos también figuraba un profesor de Derecho Constitucional que había llegado hacía poco de la Universidad de Salamanca y se había sumado a la marcha. En total fuimos cinco los que pernoctamos allí, esa noche y las siguientes.

Las marchas de protesta así como los disturbios protagonizados por estudiantes continuaron, solo que esta vez también exigían nuestra libertad. Los periódicos de la época daban cuenta de la detención de los estudiantes sanmarquinos y un profesor universitario, pero quizás el que más despliegue hacía de este evento era el "Diario de Marka", órgano periodístico pro-Senderista de la ciudad de Lima. Este diario denunció el ilegal arresto listando nuestros nombres antecedidos de la palabra "camarada", el cual era un flaco favor para nuestra liberación. Aunque debo decir que mi padre se llenó de orgullo al enterarse del suceso. Mi padre, un bragado dirigente sindical, ateo y comunista, no podía estar más satisfecho.

La Universidad se hizo cargo de nuestras necesidades alimenticias y también legales, pues la marcha había sido aprobada y apoyada por las autoridades de la UNMSM, así que ella se vio en la obligación de asumir su responsabilidad.

Recuerdo que cada mañana nos decían que ese día saldríamos en libertad pero llegaba la tarde, nos invadía el hambre, caía la noche y teníamos que conformarnos con dormir otra vez en el mismo lugar. Fue al tercer día que el capitán mandó llamar al profesor para conversar con él en su despacho. De vuelta al cabo de unos minutos, me avisaron que ahora era mi turno de hablar con el capitán. Sin mucho preámbulo este oficial, en un tono conciliador, me hizo saber que no tenía nada contra nosotros pero que el viceministro del Interior había dado órdenes de no dejarnos en libertad aun.

El capitán tenía sobre el escritorio algunas hojas con información sobre nosotros y creo que por presumir nos leyó algunas líneas. En mi árbol genealógico, no muy frondoso, se destacaba la figura de mi padre y su filiación comunista. Acto seguido y sin muchos preámbulos, el capitán me conminó a señalar a los terroristas entre los detenidos a cambio de mi libertad, pues según informaciones sobre la dirigencia estudiantil, la mayoría eran comunistas y colaboradores de Sendero Luminoso. En conclusión, yo tenía que saber quiénes eran esos terroristas. Me tomó unos minutos explicarle las peculiaridades del CLT y su carácter apolítico. Pero fue casi imposible convencerlo de la existencia de estas rara avis pues la existencia de una agrupación estudiantil sin tintes políticos en la UNMSM era poco creíble en los complicados años ochenta.

El CLT era una agrupación que reclamaba un derecho estudiantil sin hacer distinciones políticas. Se centraba tan solo en la libertad de estudiar lo que a cada quien le resultara más conveniente, a la luz del conocimiento real de la carrera y no sobre la fantasía que uno tiene al momento de postular. En ese contexto sería justo reconocer que el CLT fue el primer movimiento estudiantil de carácter práctico con metas claras en un ambiente politizado y lleno de ideologías dogmáticas que aspiraban a quimeras sociales propias de una novela para adolescentes. El CLT vino a ser la bocanada de aire fresco en ese espacio enrarecido y viciado de la militancia política estudiantil de los ochenta. Los estudiantes entendieron la diferencia entre un discurso pragmático y otro delirante, entre metas concretas y tangibles y las alucinaciones de un mundo perfecto imposible de materializar.

Los del CLT sabíamos bien que nos tocaría discutir y negociar con autoridades universitarias y dirigentes estudiantiles de diferentes orientaciones políticas, por tanto, era inadecuado tomar partido por cualquier posición pues esto debilitaba nuestra capacidad de negociación y nos hacía vulnerables a los enfrentamientos políticos. Pragmatismo era la pauta. Teníamos que ser prácticos y realistas ya que nuestras metas lo eran. No podíamos comprometer nuestro reclamo con las metas de agrupación política alguna. Nuestro reclamo era de tipo académico-administrativo y no debía qué percudirse con tinte político alguno. Es obvio que los movimientos estudiantiles se percataron de que una vez satisfechas las demandas del CLT, esta agrupación desaparecería como organización, también se percataron que detrás quedaba un puñado de dirigentes que habían ganado experiencia y que además de eran bien vistos por el estudiantado.

El capitán le hizo la misma oferta al profesor de Derecho Constitucional, pero este apenas tenía unos meses de haber llegado al Perú y su conocimiento de la escena política era precario, por no decir nulo. No podía pues haber señalado a los terroristas aunque hubiese querido.

En la universidad pude hacer amistad con un excéntrico estudiante de familia acomodada, sobrino de un senador del partido de gobierno. Tan pronto como se enteró de mi detención fue a visitarme y prometió hablar con su tío para que intercediera por mí. Era tal mi buena fortuna en tan aciago momento, que yo no podía quejarme por falta de defensa. Como ya dije, teníamos al asesor legal de la universidad trabajando en nuestro caso y yo en particular contaba con la asistencia del Dr. Bendezú Díaz, mi abogado, más un senador de la República.

Fue sólo al tercer día que el sargento nos sacó del calabozo y condujo al despacho del Capitán, pero esta vez para hacernos firmar unos documentos que nos permitirían salir al día siguiente. No muy convencidos pero sabedores de que negarnos a firmar probablemente alargaría nuestra estancia en esa dependencia policial, tuvimos que acceder a estampar nuestra rúbrica sin chistar. En ese mismo instante nos comunicaron que luego de nuestra liberación seriamos citados a la Corte Judicial por perturbar la paz, además de daños a la propiedad pública y privada. ¡Menudo problema!

Recuerdo que aquella noche dormí con la seguridad y la esperanza de salir para volver a mi casa. Esa mañana llegó el sargento a decirnos que limpiáramos el calabozo porque saldríamos en libertad en poco tiempo. Pasaron las horas, llegó el mediodía y la puerta seguía cerrada. Cuando ya las esperanzas se extinguían, apareció el sargento nuevamente, ordenando al profesor que tomara su saco y saliera. ¡El profesor no regresó! ¡Por fin saldríamos en libertad!

Serían casi las 5 de la tarde cuando abordé el autobús que me llevaría a casa. Después de varios días en prisión, estaba al fin camino a casa y sin saberlo, también encaminado hacia otras vivencias.

Al día siguiente asistí a mis clases y el recibimiento fue de fiesta. Nuevamente el destino me empujaba al centro de la arena con un protagonismo inmerecido y que nunca busqué, y mucho menos hubiera deseado. Por invitación de unos dirigentes me apersoné a la Ciudad Universitaria y mi sorpresa fue grande al leer mi nombre en las paredes, con letras de un metro de longitud, exigiendo mi liberación. También había afiches con mi imagen y la palabra "libertad". Ese empapelado llenaba varios puntos estratégicos del recinto universitario y eran fáciles de divisar a la distancia. Conforme avanzaba entre la multitud de estudiantes recibiendo uno que otro efusivo saludo, reparé que me había convertido en un conocido personaje en el universo estudiantil de la Universidad Nacional Mayor de San Marcos. Interesante.

Era un dirigente estudiantil reconocido y eso no se podía desperdiciar. Al menos así pensó "Manotas" el jefe máximo de la Federación Universitaria de San Marcos, más conocida por sus siglas: FUSM. "Manotas" me invitó a formar parte de su lista para las elecciones universitarias que se venían. Nunca participé, mis planes no estaban con la izquierda universitaria, ni con ninguna otra izquierda.

Para entonces no sabía a ciencia cierta si el Ministerio Público abriría una causa en mi contra por perturbar la paz y por destrozos a la propiedad. Esperaba que la denuncia llegara a mi domicilio o que el abogado Bendezú Díaz pusiera sobre aviso a Don Pedro mi padrastro, pero ni una ni otra cosa tomaba cuerpo. A medida que los días pasaban la ansiedad iba en aumento y no paraba de pensar en ese asunto. ¿Llegaría al fin esa dichosa citación judicial?

La actividad política en Lima era cada vez más caótica e insegura debido a los atentados terroristas de Sendero Luminoso, así como por la velada alcahuetería de los políticos de izquierda. Se sospechaba que un gran sector de la izquierda nacional preparaba el advenimiento de Sendero Luminoso para su toma de poder. Hubo motines de terroristas en cárceles locales que el gobierno debió enfrentar con la contundencia debida, por lo que hasta hoy existen ONGes reclamando indemnizaciones para los terroristas "caídos" y sus familias.

Mi situación era doblemente arriesgada pues además de estudiar en una universidad infiltrada por terroristas, siempre corría el riesgo de ser arrestado por sospechoso pues ya tenía un ingreso a la DIRCOTE y probablemente una denuncia en el Ministerio Público. Estaba pues fichado.

Entonces, al igual que muchos otros peruanos, decidí continuar mis estudios en Argentina. Conseguí mi pasaporte y marché fuera del país con destino a Buenos Aires, donde me esperaba un tío, hermano de mi madre. Todo el viaje lo hice por tierra. En el trayecto a Santiago ocurrió un hecho anecdótico y algo premonitorio. En la parte trasera del autobús viajaba media docena de soldados chilenos hablando maravillas del gobierno del Gral. Pinochet y despotricando contra los comunistas. Delante iban dos damas chilenas que relataban las matanzas y desapariciones durante el mismo régimen, pero en voz baja. Un anciano del lado del pasillo se inclinó para preguntarme si era peruano. Al asentir positivamente, el anciano me comentó y sin temor a ser escuchado por los soldados, que Perú era un país hermoso y que lo conocía bien. Luego agregó que si Chile tuviera la mitad de lo que Perú tenía, ellos serían una potencia en Latinoamérica. Hoy en pleno siglo XXI Chile no está muy lejos de serlo. Ahora que lo pienso. Si Perú tuviera la mitad de la clase empresarial de Chile y no los empresarios fenicios que nos infestan, quizá…

El país aún no tiene esa clase de empresario globalizado y competitivo, pues la mayoría conserva aún la mentalidad pizarrista expoliadora. También hace falta un aparato estatal mucho más práctico y moderno que burocrático y una clase política con norte productivo y no demagogos e inmediatistas. Con todo eso y una nueva derecha –quizá una derecha acholada- conformada por gente emergente y emprendedora, es muy probable que en corto tiempo superemos largamente a nuestros vecinos del Sur.

Recomendable leer...

"En la madrugada del 13 de febrero de 1987, las fuerzas policiales intervienen la Universidad Nacional Mayor de San Marcos. En la intervención muere un trabajador no docente sanmarquino, detienen a gran número de estudiantes. Pese a la magnitud del operativo, sus logros concretos no son significativos. Sin embargo, dicha intervención marcó el fin de una manera de entender la autonomía universitaria. En adelante las fuerzas policiales penetrarían en la universidad en sucesivas ocasiones, generando la protesta de la comunidad universitaria y diversas movilizaciones estudiantiles, en las cuales comienza a notarse una mayor presencia de grupos subversivos mediante volantes o consignas. Las movilizaciones son fuertemente reprimidas y poco a poco pierden intensidad. El movimiento estudiantil evidenciaba, de este modo, un enorme desgaste" (www.derechos.org, *2.20. LA UNIVERSIDAD NACIONAL MAYOR DE SAN MARCOS*).

"Los campesinos rechazaban a Sendero Luminoso debido a la sustitución y asesinato de las autoridades comunales, lo que motivó la realización de múltiples asambleas de coordinación entre comuneros. Pero cuando la población sufrió la represión de las Fuerzas Armadas tuvo un efecto contraproducente, rechazaron a las milicias y apoyaron a Sendero Luminoso. El principal logro de Sendero fue el haber aterrorizado a la población, logrando el apoyo comunal. Lo primero que los ronderos debían hacer para enfrentarse a Sendero Luminoso era vencer el miedo. En segundo lugar, había que crear una conciencia colectiva de democracia, Estado y Fuerzas Armadas para que los vecinos se agruparan en rondas y lucharan contra Sendero. Era ilógico pensar que una sociedad que se sentía abandonada y distante del Estado se uniera y peleará contra el terrorismo" (Dora Tramontana Cubas, *La violencia terrorista en el Perú, Sendero Luminoso y la protección internacional de los DDHH*)

CAPITULO SEXTO

FUERA DE CASA

"No existe tal cosa como izquierda liberal, como tampoco existe el comunismo de derecha. Lo que sí existe es ingenuos y charlatanes"

Poco después de llegar a Buenos Aires, la Capital Federal de la República Argentina, me concentré en obtener información para continuar mis estudios en la Universidad de Buenos Aires-UBA. Fue muy decepcionante enterarme que las clases ya habían comenzado por lo que tendría que esperar todo un semestre académico antes de poder registrarme en la Universidad porteña.

Alternativas había muchas pero ninguna tan atractiva desde el punto de vista académico como la UBA. Después de un par de meses y para no perder más tiempo, acabé por registrarme en la Facultad de Ingeniería de la Universidad Tecnológica de Buenos Aires. Pensé que sería una buena forma de mantener el ritmo de estudios y así llegar en forma al primer semestre de estudios en la UBA.

A través de unos amigos, me enteré de un peruano apellidado Tamayo, activo dirigente del Partido Aprista en la Ciudad de Rosario. Este dirigente aprista manejaba una pequeña organización de estudiantes peruanos que pugnaban por inscribirse para continuar estudios en la Universidad Nacional de Rosario. De inmediato me comunique con ellos y a la semana siguiente tomaba un tren hacia Rosario a fin de averiguar acerca de los requisitos y fechas para la inscripción.

Tamayo resultó ser un gran tipo, tenía una tienda de abastos en la periferia de Rosario. Me invitó a un típico "asado" argentino, ocasión que aprovechamos para intercambiar ideas y comentarios acerca de los sucesos políticos en Perú. La mayoría de los residentes peruanos en Rosario eran estudiantes con cierta facilidad económica ya que el gobierno peruano de entonces vendía dólares a estudiantes registrados en INABEC, a un tercio del cambio oficial y hasta un límite de $400 mensuales. Para estudiantes en Europa, Asia y EEUU el límite era mayor.

Por ese entonces el devaluado peso argentino había sido reemplazado por el austral y el presidente Raúl Alfonsín, del viejo Partido Radical, tenía una misión muy difícil en esto de restituir la democracia y encarrilar al país luego del desastre de la Guerra de Las Malvinas. Uno de los más difíciles encargos de Alfonsín, fue iniciar el juicio a las juntas de gobierno militar que habían manejado al país desde 1976. Un proceso que destapó muchas heridas y enconos. También se ordenó el enjuiciamiento de líderes terroristas del ERP y Montoneros. Al mismo tiempo se inició la conformación de una Comisión Nacional de Personas Desaparecidas. La transición del gobierno militar, que gobernó con mano férrea -y hasta terrorífica- la Argentina durante los últimos 7 años, a la democracia fue un proceso muy complicado. Como herencia los militares dejaron un país endeudado y con altísimas dosis de corrupción en el Estado, nada nuevo para los argentinos.

El presidente Raúl Alfonsín era presionado y exigido por todos y a todo nivel. Los ricos querían seguir siéndolo –aspiración válida- y los pobres no querían seguir siendo pobres lógicamente. La clase media con sus exigencias de mucho más pero con presagios de llegar a ser menos también creían que al día siguiente de las elecciones, Argentina mejoraría como por arte de magia. Los militares pretendían por ese entonces llegar a un acuerdo para no ser juzgados por presuntos crímenes y latrocinios durante su estadía en el poder mientras Raúl Alfonsín pugnaba por algo intermedio. Argentina era difícil, con las Madres de la Plaza de Mayo clamando a voz en cuello por el paradero de sus familiares desaparecidos. Un buen día la Amnistía apareció en el umbral de esta Argentina re-democratizada so pretexto de "obediencia debida" y con esto se pretendió dar vuelta a la página. Fórmula equivocada, no se borra las memoria de un país vía decreto y como era de esperarse arreciaron las protestas civiles y los alzamientos militares. Raúl Alfonsín comprobó una vez más, que Argentina era compleja y por ratos hasta ingobernable.

Llegué a Rosario con 600 australes pero conseguí un cuarto por 50 mensuales, en una especie de conventillo donde residían mayormente estudiantes extranjeros y muchos de ellos peruanos. A pocas cuadras había un restaurante cuyo propietario era un anciano español y cuyos comensales en su mayoría eran universitarios y jubilados. A los pocos días yo pasé a ser un cliente más.

Un grupo de estudiantes peruanos provenientes de Juliaca, ciudad de Puno, me avisaron que si era admitido como estudiante en la Universidad Nacional de Rosario y llevaba una constancia de admisión al Consulado Peruano, tendría la oportunidad de comprar dólares MUC, ese era el trámite habitual. Sin embargo alrededor de tal ayuda a los estudiantes en el extranjero, se desarrolló toda una mafia de estafadores que incluso fraguaban documentos. Toda una generación de jóvenes peruanos fue enviada a estudiar al extranjero, incluso contra su voluntad, tan solo para que sus padres pudieran obtener los dólares MUC. Mafias enormes ofrecían viajes gratis de ida y vuelta a Arica, Chile. No era broma. La única condición era presentarse con su pasaje a las ventanillas del Banco de la Nación y adquirir los dos mil dólares que era el tope fijado para viajes al exterior. El traficante se quedaba con los dólares y el "estudiante" se iba de viaje. Era un gran negocio ya que la diferencia del tipo de cambio era de 1 a 7. Es decir, el Estado vendía el dólar a 1 y se negociaban en la calle a 7. De este modo el Estado peruano se fue quedando sin fondos, hasta que Alan García se vio forzado a intentar la estatización de todo el sistema financiero. Son las grandiosas ideas de los que ven en el Estado un agente protector de la economía y de la sociedad, mediante el control de precios, salarios y hasta el tipo de cambio.

Mientras tanto en Rosario, Argentina, muchos teníamos matrícula condicional ya que la visa estudiantil estaba aún en trámite. Había una fecha límite para presentar la copia del visado bajo pena de ser separado de la Universidad. Para mi buena fortuna, la visa estudiantil me fue otorgada en Buenos Aires, con lo cual pude acceder a los dólares MUC. Mayor fue mi sorpresa al llegar al consulado peruano pues me hicieron saber que tan solo existía un cupo máximo para 27 estudiantes, previo examen de admisión. No había más, tenía que tomar el dichoso examen y aparecer entre los 27 afortunados de la lista. De lo contrario habría que conseguir un empleo y trabajar a escondidas, pues me arriesgaba a perder la visa estudiantil ya que les estaba prohibido trabajar a los estudiantes extranjeros con dicho estatus migratorio.

Mi idea era servir a mi país como médico. Aún no germinaba en mi mente la posibilidad de intervenir en política de manera directa. Quería concluir la carrera de medicina y trabajar en alguna zona rural del Perú asistiendo a peruanos olvidados en zonas recónditas del país. Aunque la política me fascinaba, no lo veía como un medio para contribuir a la causa de los más necesitados, pues debido a los continuos escándalos de corrupción en el ambiente político en general, carecía de firme motivación. La imagen y reputación del político estaba tan vapuleada y venida a menos que la juventud optaba por otras alternativas. No era extraño pues simpatizar con opciones antisistema, llegando algunos a extraviarse en el terrorismo.

Cuando la gente de bien renuncia a participar en política, los pillos se animan ser gobierno.

Después de una semana acudí nuevamente al consulado y la lista con los 27 nombres de los afortunados estudiantes habilitados para la compra de los muy apetecidos dólares MUC, había sido publicada. Por increíble que parezca yo estaba en el puesto 28 empatado con el puesto 27, no me sorprendió la nada halagüeña ubicación pues no me había preparado para tan sorpresivo examen. De todos modos no sería nada extraño que el proceso estuviera viciado por la corrupción. El INABEC (Instituto Nacional de Becas) era el ente encargado de certificar a los estudiantes que compraban dólares subsidiados para solventar sus estudios en el extranjero, y como todos los aparatos del Estado que manejaban estos dólares, estaba corroído por las mafias. Esas son las consecuencias cuando un político inocente o bobo, tratando de hacer buenas obras con plata ajena, dicta medidas tan absurdas como subsidiar los dólares a ciertos grupos. Todo lo que genera es corrupción en la sociedad y en el Estado.

Por fortuna mis padres en Lima hicieron sus propios trámites y así pude recibir los dólares MUC que compraban en el Banco de la Nación. Los siguientes meses fueron de tranquilidad y estudio, pero como nada es para siempre, los rumores de un escandaloso desfalco de dólares MUC en el Perú circulaban con fuerza entre los estudiantes peruanos. Algunos de ellos recibían grandes cantidades de dólares y lo invertían comprando un apartamento, por ejemplo, aunque la mayoría simplemente se dedicó a buscar trabajo por si la ridícula época de los dólares MUC llegaba a su fin. Yo tuve que pensar con cabeza fría y tomar una decisión práctica, ya que no podía trabajar con el riesgo de perder la visa estudiantil y quedarme fuera de la universidad. La suerte estaba echada, tendría que regresar a Lima, comprar la mayor cantidad posible de dólares MUC y viajar a Francia, donde podría continuar mis estudios sin enfrentar el severo problema del alojamiento y la alimentación.

Durante mi corta estadía en Buenos Aires viví con un tío por parte materna, a través de quien conocí a un actor francés casado con una dama peruana. En uno de esos largos fines de semana tomando vinos y degustando asados en la terraza de su condominio, nos contó que tenía una propiedad en Paris. Era un pequeño apartamento amoblado que no lo rentaba para así poder ocuparlo cada vez que viajaba a Francia. Al escucharme decir que estaba por viajar a Europa para estudiar en Paris, me propuso un trato insólito: yo podría vivir en su apartamento a condición de mantenerlo limpio y bien cuidado. Una oportunidad así no se presenta en la vida dos veces. Normalmente no se presenta ni una vez. Pero allí estaba la oferta sobre la mesa.

Llamé a Lima para pedirle a mi madre que me enviara dólares y asi regresar al Perú. Adelanté mi regreso a Perú vendiendo mis libros y partí acompañado de un par de amigos con rumbo a Tucumán. Esta vez el viaje por tierra fue mucho más ilustrativo de lo que me esperaba.

Por más cuidado que le pusimos a los gastos el dinero se evaporó como el agua en el desierto. Llegamos a Salta escondidos en los vagones vacíos de un tren de carga, como los antiguos vagabundos que recorrían EEUU de costa a costa. En todo el camino solo alcanzamos a comer una sopa de gallina que tuvo un curioso origen. Cuando caminábamos por las afueras de Tucumán divisamos a unos metros de la carretera a un auténtico gaucho argentino tomando mate, sentado a un extremo de su parcela. Nos acercamos para preguntarle si podía proporcionarnos algo de comida a cambio de un par de calzados deportivos de buena marca. El gaucho accedió de buena gana. Al cabo de unos minutos apareció una señora, que parecía ser su mujer, y nos entregó un balde de sopa con una gallina adentro. Eso nos alimentó a los tres viajantes hasta la provincia de Salta.

Nuestro apuro era mayor pues el objetivo era llegar a Lima antes que el dichoso dólar-MUC desapareciera del escenario. Los rumores de que el país había perdido sus reservas y que la inflación empezaba a asomarse como un tsunami eran cada vez más inquietantes. Teníamos que llegar antes de que cambiaran de política económica y antes de que llegara la sequía de reservas al país. Sin embargo, nunca nos hubiéramos imaginado que más adelante, Perú se vería en el fondo de la crisis más severa de toda su historia.

Llegamos a Catamarca trepados en unos vagones que transportaban minerales. Era tal nuestro cansancio que nos quedamos dormidos en el camino y cuando despertamos ya los vagones habían sido desenganchados y conducidos a un rincón alejado de la terminal ferroviaria.

Jujuy fue la última ciudad argentina de nuestro obligado periplo. A dicha provincia pudimos llegar gracias a la generosidad de un conductor que nos permitió viajar con la carga que transportaba en su enorme camión hacia esa zona fronteriza. Por el camino recogimos también a un joven músico que se dirigía al Carnaval de Ayahuaca, una muy conocida festividad que se celebra por esos lares concentrando agrupaciones y vates folklóricos de la región andina. El camino hacia la frontera con Bolivia estuvo salpicado de acordes musicales que alegraron nuestra travesía y por momentos nos remontó a las gélidas serranías peruanas.

Un autobús nos acercó a Bolivia y de allí otro nos llevó hacia La Paz. Un terrible accidente acababa de ocurrir en la carretera que cuando llegamos a la capital, cargando nuestras pesadas mochilas a cuestas, la gente nos saludaba con algo de admiración y alivio. Nos enteramos después que en el accidente algunos muchachos de Pando habían perecido, también cargaban enormes mochilas con ellos.

En vista de que nos quedaba muy poco dinero se nos ocurrió que en el consulado peruano nos podrían ayudar, así que enrumbamos hacia sus oficinas. El cónsul era un diplomático joven y de trato agradable a quien le expusimos nuestra urgencia. Luego de ver nuestros pasaportes y las visas estudiantiles nos ayudó con 100 dólares. Además nos contó que alguna vez él también fue un estudiante y había pasado por lo mismo. Antes de que saliéramos de su oficina nos dijo en tono paternal que fuéramos directo a Lima para no preocupar más a nuestros padres.

Aunque teníamos algo de dinero era insuficiente para llegar a Lima. Entonces se nos ocurrió presentarnos en la televisión boliviana como encantadores turistas sin dinero, urgidos de regresar al Perú. La maravillosa idea no funcionó. Peor que eso, no nos llegó ni un solo dólar.

Nuestros pasos nos llevaron a un mercadillo atiborrado de toda suerte de tiendecillas donde se vendían desde verduras hasta autopartes. También tenía pequeños restaurantillos donde descansamos un rato mientras comíamos algo. En tanto unas simpáticas muchachas nos alcanzaron unos tickets para una fiesta organizada por estudiantes en una discoteca local.

La frontera con Perú estaba más lejos de lo que habíamos sospechado, pero por fortuna al cruzar la cordillera el frío no fue tan intenso como nos temíamos. Llegamos a Desaguadero, el último poblado boliviano y cruzamos la frontera hacia el lado peruano como todo el mundo, caminando y sin control alguno por parte de ninguna de las dos aduanas. Inmediatamente contactamos un camión de carga y nos embarcamos con dirección a Arequipa, la primera ciudad costera que veríamos en este trayecto, pero antes hicimos un alto en Juliaca y mientras el camión descargaba dimos unas vueltas por esa hermosa ciudad. En Arequipa tomamos otro camión de carga y llegamos a Lima entrando por el sacrificado y trabajador distrito de Villa el Salvador.

Era noviembre y aún hacía frío esa mañana. Luego de darle una sorpresa a mi madre, que nunca me había visto con una barba tan crecida, me concentré en la tarea de comprar dólares MUC para financiar con ello mi viaje hacia Europa. Don Pedro me llevó con un amigo de la infancia, otro piurano como él y que por cosas del destino era uno de los innumerables gerentes de Petroperú, una de las tantísimas empresas que el Estado peruano tenía en esos días. Este señor nos prestó el dinero necesario para poder adquirir los dólares en el Banco de la Nación. Pero debo decir que aquel fue el préstamo más usurero que haya tenido en mi vida.

Petroperú fue una de las tantas criaturas estatales paridas durante el gobierno de facto del Gral. Juan Velasco Alvarado, luego del golpe de estado de 1968. Este ente petrolero pretendió ser una alternativa ante la falta de interés local por parte de empresarios peruanos de incursionar en el área petrolera, eso se decía. En ese entonces el grueso de los capitales privados nacionales seguía explotando los rubros agrarios y mineros, como hace siglos atrás lo hicieran los colonizadores ibéricos. Tal parecía que solo los norteamericanos estaban dispuestos a explorar y explotar pozos petroleros al norte del país.

Los grupos económicos (clanes familiares mayormente) de la década de los 60, se conformaban con recibir un porcentaje por concesiones o por concepto de socio minoritario antes que incurrir en una inversión importante pues el grueso de sus ingresos era obtenido de conglomerados agrícolas, mineros o pesqueros del cual eran propietarios.

El derrocado Presidente Arq. Fernando Belaunde Terry lucho por implementar reformas que contuvieran el desbordante y reconcentrado poder de la clase empresarial, dejando de lado la política de "cuerdas separadas", por una de   Estado corrector, pero fracasó rotundamente. El Congreso

Nacional, controlado por los Apristas y Odriistas bloqueo todas y cada una de las iniciativas reformadoras en aras de favorecer el status quo.

Ese era el panorama antes del golpe militar liderado por el Gral. Juan Velasco Alvarado. De un lado estaba esa minúscula pero poderosa y privilegiada casta empresarial fenicia que no tenía la menor intención de invertir sumas importantes (a duras penas reinvertían) en otros rubros pero sin embargo estaban decididos a obtener jugosos subsidios corporativos. Y del otro lado de la vereda estaban los consorcios extranjeros pagando céntimos por hacernos el favor de explotar recursos energéticos, madereros y mineros con mano de obra baratísima. Que mejor escenario para que el Gral. Velasco se irguiera fácilmente como el justiciero. Derrocó al Presidente electo Fernando Belaunde, expropió la refinería de Talara y pedaceo las inmensas haciendas existentes, con una Reforma Agraria socialista, amén de otras medidas y reformas populistas que ni el mismísimo Fidel Castro lo pudo creer al enterarse. Me atrevería a decir que la medida no era necesaria, más sin embargo fue innecesariamente desmedida.

Hay que reconocer que el Gral. Velazco le arrebató la bandera populista y reivindicatoria a los grupos izquierdistas peruanos, dejándolos sin discurso alternativo o argumento contestatario e inclusive obligándolos a ceder protagonismo y representación ante los países de la Cortina de Hierro. No fue sorpresa ver que un importante sector de la izquierda local se plegara a la política socialista de los militares.

Hoy en día los politólogos e historiadores debaten si tal estrategia y posterior implementación impuesta por los militares fue meramente populachera o en verdad contenía una honesta convicción socialista. Irónicamente a causa de las terribles reformas agrarias y mineras, los poderosos grupos económicos locales, se vieron en la necesidad de ahora si diversificar sus inversiones o en el peor de los casos sacar sus inversiones del país en lo que se denominó, "fuga de capitales". La industria manufacturera y de servicios, apareció como el negocio rentable de los que veían en la política nacionalista con estrategia socialista, una oportunidad de resarcirse de lo perdido.

El general Juan Velasco Alvarado creó y bautizó, añadiendo el nombre del Perú como sufijo obligado, a las empresas estatales. Gracias a esa obsesión nacionalista tuvimos docenas de empresas "Perú" como Aeroperú, Electroperú, Mineroperú, Siderperu, Enturperu, etc. El gobierno militar dejó la herencia de más de 150 empresas públicas. El Estado peruano nunca pudo gerenciarlos eficientemente. El pais sufrio en carne propia lo absurdo de tener empresas estatales. Es un contrasentido total porque el fin de una empresa es ganar dinero, pero el propósito de las empresas estatales del "Gobierno Revolucionario de las FFAA" no era ganar dinero sino prestar servicios de bajo costo. A nadie le importaba el balance final de la empresa. En la mentalidad de izquierda el fin último de una empresa estatal es el "bien social". Bajo esta "estrategia" el Perú llegó a acumular pérdidas generadas por las empresas estatales que equipararon la cuantiosa deuda externa en su momento.

Si bien la deuda externa peruana alcanzaba en esos días ochenteros de Alan García los 25 mil millones de dólares, por el otro lado sumábamos una cifra similar en pérdidas acumuladas de estas empresas "Perú". Adicionalmente, el servicio que ofrecían era muy deficiente y la corrupción alcanzaba ribetes de escándalo. La instalación de un teléfono domiciliario a cargo de la CPT y ENTELPERÚ tardaba cinco años. La única alternativa rápida dependía de estar en una "zona con suerte" y/o coima de unos 2 mil dólares al funcionario responsable. Yo tuve un amigo cuyo padre alcanzó a ocupar uno de esos puestos clave en la Compañía Peruana de Teléfonos y su fortuna creció de forma exponencial a base de las coimas que cobraba por instalar teléfonos. Se hizo de una enorme casa, autos y viajaba a Las Vegas para celebrar su cumpleaños. Nunca hubo tanta corrupción en el Perú como en la época de las empresas públicas. Ese fue el legado del gobierno socialista de Juan Velasco Alvarado.

Con una muy modesta cantidad de dinero y la firme determinación de un jovenzuelo lleno de sueños y ansioso de aventuras, puse norte a mi periplo. Viajé a lo largo de la costa peruana con dirección a la frontera con Ecuador, pues me entretenía la idea de visitar una vez más a la familia Guerrero Serna en Tumbes.

Como ya relaté antes, a los 13 años tomé una mochila, algo de dinero, un documento para identificarse y no me detuve hasta llegar a Tumbes. Sin dinero pero con mucha hambre devorando mi dignidad decidí buscar trabajo en lo que fuera. En una pequeña parcela repleta de flores y con algunos árboles frutales se encontraba el "Jardín El Recreo". No era muy grande pero contenía una cantidad muy variada de rosas y otras flores como margaritas. Inmensos árboles de mangos y naranjas demarcaban los linderos cada cierto tramo hasta llegar al río Tumbes. La familia Guerrero me acogió en el seno de su familia, me brindó techo y comida a cambio de ayudarlos en la parcela. Los fines de semana eran mis días libres con propina. Sin ser de gran tamaño, la parcela estaba muy bien administrada y suplía con eficiencia la demanda que había por arreglos florales en la ciudad fronteriza.

Yomes era la hija mayor de la Sra. Nilda y la encargada del mantenimiento y cultivo de las flores. Bajo su atenta mirada y supervisión, se hallaban sus seis hermanas, quienes también ayudaban en diferentes deberes. Era un matriarcado casi perfecto pues cada hermana tenía sus responsabilidades específicas, y si una de ellas enfermaba o se ausentaba, la menos atareada cubría su puesto.

Después de saludar a la familia Guerrero y recordar mi estadía por aquellos lares, renté una habitación en el Hotel del centro de Tumbes tan solo por una noche, pero con tan mala fortuna que esa tarde un enjambre de langostas cubrieron parte de la ciudad provocando un mortificante ruido.

Temprano en la mañana llegué a la frontera con Ecuador y tomé un autobús a Quito para una vez allí, tomar otro hacia la frontera con Colombia. En Colombia trabé amistad con unos compatriotas que también viajaban rumbo a Panamá. Ese era mi objetivo final pues de allí, según mis cálculos, sería mucho más fácil abordar un barco a Francia.

Colombia ya era víctima de los enfrentamientos entre el gobierno y las guerrillas, pero además estaba asediada por los carteles de la droga. Es un país hermoso que pese a todos sus problemas surgía con prosperidad. Su gente es muy hospitalaria, tanto que, cuando llegué a Quibdó –Capital del Chocó- demoré unos días antes de proseguir mi travesía a la frontera con Panamá. Mención aparte se merece Puerto Buenaventura, pedacito de paraíso en la costa del Pacífico Sur colombiano.

Por ese entonces Colombia venía tratando de recuperarse de la debacle financiera de la década del 80, que dejó trastabillando su economía. Colombia alcanzó un auge económico envidiable debido a los buenos precios del café a nivel mundial, pero todo eso se acabó en 1982, y varias entidades financieras perdieron su liquidez. El peso colombiano se devaluó más allá del 50%, y al existir grandes cantidades de créditos en dólares, los dueños de estos mismos se fueron a la quiebra. Tal descalabro generó reformas financieras con el fin de garantizar la estabilidad del sector y en 1985 se crea el

FOGAFIN (Fondo de Garantías de Instituciones Financieras) el cual adquirió la totalidad de las acciones de las entidades que se vieron en la necesidad de intervenir, por un valor simbólico. Colombia como otras tantas economías latinoamericanas de su época no diversificó convenientemente su economía cuando podía hacerlo, puso todas sus fichas en el café y perdió.

Una vez en Quibdó y después de descansar unos días, agarre rumbo hacia la frontera colombo-panameña. Panamá de la década de los 90, era gobernado por el Gral. Manuel Antonio Noriega, quien conducía los destinos del país con un autoritarismo que rayaba en la tiranía. La frontera entre estos dos países estaba fuertemente militarizada del lado de Panamá, sin embargo y a pesar de todo tomando una lancha de motor fuera de borda llegamos a la primera población del lado de Panamá, llamado Llaque.

Después de haber estado impedido de salir de Llaqué debido a la negativa de la Sra. encargada de la oficina de inmigración panameña a sellar mi pasaporte, nos vimos en la penosa necesidad de comunicarnos por radio con el Cónsul peruano en la Ciudad de Panamá para que este a su vez intercediera sus buenos oficios en nuestro favor. Con el pasaporte debidamente sellado abordamos la avioneta Cesna de 12 pasajeros (hacían un vuelo por semana en esos días) con rumbo al entonces Aeropuerto Internacional de Paitilla. Si algo me impresionó de la Ciudad de Panamá fue la cantidad increíble de bancos como también la abundancia de productos de distintas partes del mundo a la que tenían acceso sus ciudadanos. La situación económica no era la mejor pero tampoco estaba tan mal como para alentar una revolución o precipitar el caos social en el istmo panameño. Panamá por su ubicación, tenía condiciones geográficas para constituirse en el Singapur centroamericano y algún día lo lograra.

Don Pedro, el esposo de mi madre, vivió en Panamá por 12 años y nos contó en más de una ocasión que le tocó animar alguna reunión del entonces presidente de Panamá, Omar Torrijos, acompañado de su trio "Los Trovadores Andinos". También animó más de una vez las celebraciones por fiestas patrias de los americanos en el Canal de Panamá, cuando este era aún territorio estadounidense. Don Pedro solía contarnos anécdotas de los gringos y su estilo práctico para resolver problemas.

Quizás uno de los países latinoamericanos donde el ingreso y la estadía se hace más complicado es Costa Rica, pues recuerdo que exigían una determinada cantidad de dólares para la estadía y pruebas de que saldrías del territorio el día que venciera tu visado, dándose las situaciones más extrañas debido a tal exigencia.

Una mañana que me disponía a desayunar en el pequeño Restaurante del Hotel donde me hospedaba, vi pasar raudamente a un tipo de rasgos europeos con dirección al segundo piso e inmediatamente aparecieron dos tipos de traje tras él. Por sorprendente que parezca, había presenciado a dos oficiales de inmigración persiguiendo a un turista estadounidense con la visa vencida. De todos los países que conocí, debo resaltar que era Costa Rica el más ordenado y limpio, solo rivalizando con Chile.

No sin mucho recelo llegamos a la frontera con Nicaragua, pues hacía poco había pasado a engrosar la oprobiosa lista de países comunistas, tras el triunfo de la guerrilla del Frente Sandinista de Liberación Nacional. Las autoridades percibían al extranjero como un personaje de no confiar, tanto así que nos negaron el ingreso al primer intento. Fue en el segundo intento que nos sellaron el pasaporte y recién pudimos ingresar al país de los grandes lagos.

A la entrada nos recibió un gigantesco letrero donde se podía leer: "Bienvenido a la Republica Popular Comunista de Nicaragua". Los sandinistas ganaron la guerra a Somoza y su ejército pero luego sumieron al país en las tinieblas de la pobreza más insufrible que yo haya visto. Managua, la capital, no tenía energía eléctrica en un 80% de la ciudad. El alcantarillado era obsoleto y había colapsado en varios puntos. El agua potable sólo circulaba a ciertas horas. Era un caos.

Tegucigalpa, la capital de Honduras, fue mi siguiente parada. En esta ciudad tan solo estuvimos medio día, si no es que menos, pues los militares nos transportaron inmediatamente a la frontera con la República de El Salvador. Por primera vez en mi larga travesía encontré en los salvadoreños a oficiales de inmigración con sentido del humor y amables en el trato. Esa noche nos hospedamos en un pueblito del cual no recuerdo el nombre pero si el calor infernal de su clima. Al día siguiente partimos a San Salvador, la capital del pulgarcito de América.

Recomendable leer...

"El 15 de septiembre de 1998 el diario de tendencia marxista Página 12 sorprendía a todos haciendo un reportaje a Emilce Moler, una de las "jóvenes sensibles" vinculadas a los sucesos de La noche de los lápices. La nota fue relevante principalmente porque quedaba en evidencia la falacia de que Pablo Díaz era el único sobreviviente, puesto que Moler dejaba constancia de que Gustavo Calloti (otro de los involucrados) vive en Francia y otra joven también protagonista del hecho, Patricia Miranda, en La Plata" (Agustín Laje, *El mito de "La Noche de los Lapices"*)

"Las amnistías generales que existieron en una época han dado paso a fórmulas de justicia transicional y restaurativa. Es necesario que los crímenes cometidos durante el conflicto se reconozcan, se impartan condenas, se pida perdón a las víctimas y sean reparadas por sus victimarios" (Daniel Coronell, *Verdades impopulares*)

CAPITULO SEPTIMO

BUSCANDO EL RESTO DE AMERICA

"Y es que la derecha procura oportunidades,
pero la izquierda procura oportunistas"

En mi viaje por Centroamérica y ya a pocos kilómetros de San Salvador tuvimos una pequeño adelanto de lo que pasaba en el país más pequeño de América. ¡Y vaya que sí fue un aviso de lo que se venía! El autobús que nos llevaba en esa ocasión, se detuvo abruptamente porque un árbol yacía atravesado sobre la carretera. Debido a las peligrosas trampas explosivas que eran comunes en la zona, retirar ese escollo resultaba una tarea de mucho riesgo, casi suicida, que nadie se atrevía a emprender.

El Frente de Liberación Nacional Farabundo Martí-FMLN era una coalición de cinco grupos guerrilleros que peleaban contra el Ejército Salvadoreño siguiendo la misma consigna de todos los grupos guerrilleros guiados por el comunismo marxista: el asalto del poder por las armas. Con argumentos más o menos parecidos, alzando sus propias reivindicaciones locales, con sus líderes y mártires particulares, el FNML no era muy diferente a las demás guerrillas comunistas que asolaron Latinoamérica durante gran parte del siglo XX, especialmente cuando pasaron a formar parte del escenario polarizado en que vivió el mundo durante la Guerra Fría.

Farabundo Martí, el líder inspirador de la guerrilla salvadoreña, igual que Fidel Castro, fue un pequeño burgués (no era de origen humilde ni mucho menos) que había estudiado abogacía pero decidió dejar los estudios para dedicarse a las luchas guerrilleras, luego de haber sido tocado por el predica marxista. Una vez más, se trató de un líder de clase media levantando las banderas de la reivindicación en nombre de los campesinos y mediante la agitación política. Hacia 1932 organizó un levantamiento en protesta contra los resultados electorales. La rebelión fue brutalmente reprimida por el gobierno del general Maximiliano Hernández Martínez, llegándose a contabilizar alrededor de 30 mil muertos, según algunas versiones. Farabundo Martí fue capturado y, luego de un proceso sumario, fusilado, pero quedó convertido en leyenda y mito para la posteridad. Al igual que el Che, su figura sería utilizada como emblema de rebelión medio siglo después, aunque Ernesto Guevara Lynch fue un asesino glamorizado.

El Salvador comparte con el resto de Latinoamérica la misma maldición histórica de golpes de Estado a manos de militares. En 1979 se produjo el último golpe a cargo de un grupo denominado Juventud Militar, que derrocó al general Carlos Humberto Romero, pero esa vez, tal como había ocurrido en el Perú con el Gral. Juan Velasco Alvarado, se instaló una Junta Revolucionaria de Gobierno que inició un penoso período de reformas junto a intensos y graves conflictos sociales.

Las consecuencias políticas y económicas de la guerra civil fueron devastadoras.

El Salvador fue una de las más ilustrativas circunstancias de mi vida, pues pude experimentar in situ la desgracia que acarrea una auténtica guerra civil. Muy distinta del cobarde ataque terrorista que sufríamos en el Perú a manos de Sendero Luminoso. Al llegar a San Salvador pude comprobar que la guerra cada vez se acercaba con mayor intensidad a la ciudad capital. En más de una ocasión pude presenciar enfrentamientos entre el Ejército Salvadoreño y la Guerrilla FMLN, a pocos metros del Hotel donde me hospedaba. Para ese entonces ya era de conocimiento público que los estadounidenses asesoraban al Ejército y que la Guerrilla recibía armamento de los rusos a través de la Nicaragua comunista.

En el Perú era distinto, los asesinos de Sendero Luminoso o MRTA nunca se enfrentaban abiertamente al ejército. Eran solo terroristas y actuaban como tales ocultos en el anonimato y confundidos con la población, misma que atormentaban de muchas formas. Dinamitando torres de alta tensión, incendiando buses de transporte interprovincial, atacando cooperativas agrarias, minas, y ejecutando a los "enemigos del pueblo", es decir, a quienes no colaboraban o se sometían a sus órdenes y eran sospechosos de delación. Pero sus más dementes acciones era detonar coches-bomba en medio de la ciudad sin medir las consecuencias. Sus accionar frente al ejército era emboscarlos o asesinarlos a mansalva, con alevosía y ventaja. Los terroristas nunca daban la cara. No tenían identidad ni uniforme. Por ello es que resulta muy inapropiado hablar de que en el Perú haya existido un "Conflicto Armado Interno" como si se tratara de una guerra civil. Lo que hubo en el Perú fue el ataque despiadado y cobarde de un grupo terrorista a la población indefensa, nunca a las FFAA. Claro que las ONGes marxistas nunca aceptaran tal hecho (mucho menos con terroristas asimilados y en escritorios) y más bien culpan del terrorismo al Estado. Esas son más o menos las conclusiones a las que arribaron los que redactaron (izquierdistas) el Informe de la Comisión de la Verdad y la Reconciliación en el 2003. Un bodrio marca embuste.

Por su parte Nicaragua me mostró lo que deja una auténtica guerra civil: destrucción, desolación y miseria. El frente guerrillero marxista que logró conquistar el poder en Nicaragua a través de una revolución armada, fue el Frente Sandinista de Liberación Nacional-FSLN, que enfrentó al gobierno dinástico de Anastasio Somoza, derrotándolo en 1979. Los miembros de la Guardia Nacional permanecieron dispuestos a no ceder el poder, pero la presión internacional los obligó a deponer su resistencia. Si bien es cierto que los sandinistas triunfaron en su enfrentamiento con el gobierno, se puede decir que tal victoria fue pírrica si consideramos lo que le costó al país. Como en el caso de Cuba, la cura fue peor que la enfermedad. Daniel Ortega y otros al mando de los sandinistas se impusieron por las armas y sometieron el destino de una nación entera a sus objetivos políticos, dejando en claro su orientación comunista. En consecuencia, Nicaragua se convirtió en el nuevo escenario de la Guerra Fría. Eran los días de Ronald Reagan y los EEUU no estaban dispuestos a tolerar otro país comunista en América, por lo que iniciaron una estrategia para disuadir la presencia de rojos cerca de sus fronteras. Como era lógico, los sandinistas contaron con el apoyo de la URSS y de Cuba. En buena cuenta se desató una nueva guerra interna al interior de Nicaragua entre el sandinismo y los "contras". La debacle de la Unión Soviética significó la caída de todo el bloque comunista mundial, lo que afectó también a Cuba y Nicaragua, pero aunque el sandinismo perdió el poder, los Castro se las arreglaron para contener la reacción popular. Décadas después ambos gobiernos veían reverdecer sus laureles ideológicos, gracias a la ayuda de Hugo Chávez, presidente de la petrolera Venezuela y jefe del "Socialismo del Siglo XXI".

Pero volviendo a aquellos aciagos días debo reconocer que por fortuna mi viaje tomó rumbo norte en lugar de embarcarme hacia Francia, que era mi objetivo inicial. De haberlo hecho no habría conocido la realidad política crucial que llenó páginas de la historia en Nicaragua y El Salvador.

Poco después dejé Nicaragua y El Salvador con dirección a Guatemala. Para entonces no era permitido entrar a Guatemala con un simple sello en el pasaporte pues los guatemaltecos exigían un visado. Antes de abandonar suelo salvadoreño aquella mañana, en la frontera nos sellaron el pasaporte registrando nuestra salida, pero al llegar a la aduana guatemalteca rechazaron nuestro ingreso, tal como ya lo sospechábamos y temíamos.

Mientras lamentaba mi suerte y meditaba en la forma de proseguir mi viaje con otro rumbo, unos niños no mayores de 9 años que vendían caramelos allí cerca nos dijeron, que no tenía ningún sentido el asunto del visado. Resulta que la frontera estaba dividida por un modesto río no muy profundo, el cual se podía cruzar a pie. ¡Entrar a Guatemala era tan simple como caminar hacia el otro lado del río! Ni siquiera había vigilancia. De modo que nos guiamos del concejo de estos niños y nos dirigimos por esa ruta. En efecto, pudimos cruzar las aguas sin ningún inconveniente y luego de proseguir unos minutos entre sembradíos arribamos a una autopista muy bien cuidada. ¡Ya estábamos en Guatemala!

Un diminuto autobús nos llevó al pueblo más cercano casi al caer la tarde. No era buena idea quedarnos mucho tiempo en ese lugar pues, además de ser muy pequeño, era imposible hallar un cuarto para dormir. Por suerte conocimos a alguien que iría al siguiente poblado que era algo más grande, de modo que nos trepamos en la parte posterior de su camioneta, dispuesto a los placeres de un viaje por territorio desconocido. El chofer, confiado en que nuestros pasaportes estaban en regla, se detuvo en el primer puesto militar de revisiones y sin previo aviso nos conminó a que inspeccionaran los documentos. El Mayor a cargo ordenó a uno de sus soldados realizar la tarea de revisión. Por suerte la noche era tan oscura que el soldado se vio obligado a auxiliarse con una débil linterna. Aparentemente el soldado creyó ver el sello de ingreso con la fecha del día en nuestros pasaportes. Sea como fuere nos dejó ir. Una vez en el pueblo nos alojamos en un modesto hotel que, pese a sus incomodidades, nos permitió pasar la primera de muchas noches en la tierra del quetzal. Aún faltaba pasar la hermosa selva del Petén camino a Ciudad de Guatemala.

Cuando llegamos a Guatemala, el Presidente electo era Vinicio Cerezo y gobernaba con mano férrea en lo que los guatemaltecos llamaban una "democradura". La guerrilla negociaba una salida política pues estaba convencida que por las armas, ya no era posible llegar al poder. Este país de Centroamérica venia aquejado por una de las más antiguas y violentas tropas guerrilleras de América, que irónicamente se originó con oficiales de "Politécnico Militar". Con el correr del tiempo las cuatro más grandes organizaciones guerrilleras se unieron bajo una federación llamada URNG-Unidad Revolucionaria Nacional Guatemalteca. Rodrigo Asturias, hijo del Nobel de Literatura Miguel Ángel Asturias, fue presidente de dicha federación guerrillera, misma que sufrió una merma importante en su capacidad de ataque y convocatoria durante el gobierno del Gral. Ríos Montt. Dicho militar llevo a cabo una estrategia contrainsurgente de "tierra arrasada" contra la guerrilla, seguidores y simpatizantes que casi lograron desaparecer la URNG. Eran otros tiempos y el comunismo mundial languidecía. Con la intervención de la ONU se logró que los principales partidos y los rebeldes firmaran un acuerdo de paz en 1996 y además se lograron sentar las bases de un moderno Estado.

Pero aún era febrero de 1989 cuando nos alojamos en un modesto hotel a ocho cuadras del local de GUATEL, la empresa nacional de telefonía guatemalteca. Después de Panamá, sería Guatemala donde la estadía se hizo más larga, quizás por lo cómodo que nos hallábamos departiendo con otros viajeros, mochileros de diferentes nacionalidades. Entre tanta distracción me las arreglé para leer un viejísimo libro que alguien con el apuro de partir, dejó bajo la cama: "El Señor Presidente", libro escrito por el inconmensurable Miguel Ángel Asturias, de quien su equivalente peruano podría ser nuestro escritor José María Arguedas.

En Guatemala, continuar hasta Estados Unidos se tornó en la única opción realista pues ya no contaba con los fondos suficientes para llegar a Francia. Ahora solo podía llegar a México y desde allí pasar a los EEUU. Ese era el plan más viable, pero incluso tal proyecto estaba en duda porque mis fondos realmente no alcanzaban ni para acercarme a

México. Tenía pues que resolver este inconveniente rápido.

Mientras pensaba en mi dilema recordé que en el camino conocí a un tal Carlos, un muchacho peruano que aseguró tener un conocido de su familia en la embajada japonesa de Ciudad de Guatemala. Dada mi precaria situación se me ocurrió la osada idea de contactar al diplomático para que me prestara unos dólares mientras me llegaba un giro desde Lima. Por desgracia no tenía mayores datos. Recordé además que Carlos mencionó que no había vuelto a ver a este diplomático desde los siete años, cuando se hospedó en casa de sus padres. Lo único que cabía esperar era que este diplomático guardara algún recuerdo de aquel niño. No tenía más alternativa que buscar al diplomático japonés.

Para entonces mi nivel de inglés era poco menos que deplorable. Decir que era básico sería incluso ufanarse. Lo bueno era que yo no lo sabía. Es más, andaba convencido de dominar el idioma de Lord Byron a la perfección. Así fue que de algún modo logré comunicarme con la embajada japonesa y hacerle saber a una de las secretarias que era amigo de la familia de Carlos y deseaba hablar con el diplomático japonés. Estoy seguro que al menos anotó la dirección del hotel. Por lo demás no podría asegurar lo que entendió.

Dos días después de aquel evento, cuando la desesperación ya empezaba a hacer mella en mi ánimo, alguien tocó la puerta de la habitación. Era un toque suave, diferente, distinguido. Al abrir encontré a dos sonrientes japoneses que se identificaron como miembros del cuerpo diplomático. Hasta me mostraron sus credenciales luego de hacer una venia. Yo casi había olvidado aquella llamada y tuve que recordar la historia rápidamente. Apenas pudimos cruzar unas palabras, pero cuando hice notar que necesitaba dinero uno de ellos me alcanzó un fajo de billetes. Antes de marcharse tuvieron la gentileza de preguntar por mi madre y mis hermanos. Si bien no me sorprendió la cortesía japonesa, si lamenté no poder recordar sus nombres.

Pero eso no fue todo. Al día siguiente al atardecer volvió uno de los japoneses con su esposa quien cargaba un bebé. Se trataba del asistente del embajador japonés y me invitaba a cenar con tal gentileza que yo no podía desairar. No tardé nada en alistarme y salí dispuesto a pasarla bien. Aquella tarde cenamos en uno de los restaurantes más caros de la ciudad. Hacía mucho que no disfrutaba de una comida decente ni saboreaba un buen vino. Ni siquiera me enfadé con los berrinches del bebé que obligaba a los nipones a disculparse una y otra vez. Solo después se me ocurrió pensar en Carlos y la posibilidad que el diplomático me haya confundido con él.

Días después tuvimos que proseguir con nuestro destino. Nos encaminamos hacia a la frontera con México. Para entonces se nos unió un muchacho de aspecto hindú llamado Mohamed, quien hablaba con marcado acento venezolano. Había nacido en la Guyana Británica pero vivió en Venezuela desde niño. En el camino descubrimos también que era musulmán, pero además resultó tener pasaporte británico. Esto le otorgaba la libertad para ingresar hacia los EEUU sin problema alguno. Fue inevitable reunir algunos sentimientos de envidia en el convoy.

Cuando llegamos a la frontera cruzamos al lado mexicano, tomamos un autobús y llegamos a un pueblo llamado Ixtla, en el Estado de Chiapas. Ya estaba acostumbrado a estos peculiares nombres de origen maya, donde abundan las x y todo acaba en tla.

Tuxtla-Gutiérrez fue la primera ciudad mexicana a la cual arribamos y donde, muy a pesar mío, no pudimos permanecer ni un solo día porque debíamos embarcarnos rumbo a Veracruz en el primer tren. Apenas llegamos a Veracruz algunos pasajeros dejaban sus asientos para ir a los últimos vagones, murmurando algo sobre "la judicial", la policía judicial mexicana. Estas autoridades tenían entre sus funciones, el subir al tren para revisar la identificación de pasajeros y arrestar a los indocumentados.

Cuando los de la judicial requirieron nuestra identificación y les mostramos el pasaporte peruano sin la visa de rigor ni el sello de ingreso, temí lo peor. Hasta aquí llegamos, pensé yo. Antes que nos dijeran nada repuse que llegando al Distrito Federal, y después de pagar la multa correspondiente, solicitaríamos las visas. Sorprendentemente nuestra explicación fue suficiente y pudimos continuar el viaje hasta llegar al puerto de Veracruz.

En el llamado puerto "jarocho" de Veracruz estuvimos apenas el tiempo necesario para comer algo, darnos una ducha y descansar un rato ya que debíamos seguir en tren hasta México DF, la Tenochtitlán del otrora Imperio Azteca. Hoy es una gigantesca metrópoli donde viven más de 20 millones de personas. Por esos tiempos aún era posible observar las secuelas del apocalíptico terremoto de 1985 y las reparaciones en construcciones mayormente antiguas.

Mi estadía en la enorme ciudad mexicana se prolongó más de lo planeado, pero debo decir que lo disfruté con largueza quizá por sus semejanzas con Lima, tanto en historia como en cultura. México tan igual como Perú fue la cuna de una gran civilización autóctona que sucumbió ante la invasión española para luego convertirse, al igual que Perú, en el centro de la Colonia Española que dominaba Centroamérica y Norteamérica, llegando incluso hasta Oceanía y Asia. México también sufrió la amputación de su territorio –como Perú- pero a manos de EEUU.

Utilizando el Metro llegué a la Ciudad Universitaria de la UNAM (Universidad Nacional Autónoma de México) e inmediatamente se me ocurrió que podría continuar mis estudios en dicha Universidad, una de las mejores de América. Creí que el Consulado Peruano podría orientarme para cursar estudios en México pero estaba equivocado. En el Consulado me recibió un anciano mal encarado con aires de reyezuelo quien se limitó a notificarme que si no tenía visa no le hiciera perder su tiempo. Todo lo que me recomendó fue regresar al Perú y que hiciéramos las cosas bien desde un principio. No voy a negar que en el fondo tuviera razón. ¿Qué otra cosa podía esperar de un burócrata? Era un manual parlante sin nada de solidaridad.

En mi recorrido por diversos países pude comprobar que el servicio diplomático peruano era el menos fraterno y solidario con sus compatriotas. Hubo casos de campesinos peruanos muertos en las zonas rurales de EEUU que no recibieron ningún auxilio del

Consulado Peruano. En Japón algunos cónsules delataban a los peruanos al Servicio de Inmigración. Algunos Consulados han acabado convertidos en negocios que lucran con las necesidades del inmigrante. No hay un solo trámite que no cueste un ojo de la cara. Ayuda cero.

En esos días el presidente de México era Carlos Salinas de Gortari, recientemente electo por el PRI (Partido Revolucionario Institucional). Este partido gobernaba México desde el fin de la Revolución Mexicana, es decir, por más de seis décadas. Salinas estaba convencido de que un tratado de Libre Comercio con EEUU y Canadá beneficiaria a la economía y lo impulsó con esmero. Hoy se puede afirmar que pese a las dificultades iniciales, a la larga fue una gran idea.

Durante el gobierno de Carlos Salinas de Gortari se inició cierto acercamiento con la Iglesia Católica para restaurar las relaciones largamente afectadas desde la Guerra de los Cristeros, desatada entre guerrilleros católicos apoyados por la Iglesia y el ejército mexicano. Este enfrentamiento se originó a causa de una ley implementada por el entonces presidente

Plutarco Elías, quien estatizó propiedades de la iglesia Católica entre 1927 y 1929.

México es sin duda la nación mestiza más profundamente nacionalista de Latinoamérica y esta característica es percibida como su virtud cultural más resaltante. Los mexicanos se identifican plenamente con su nación, celebran y preservan las costumbres y tradiciones que forman parte de su modo de vida. El pueblo mexicano reconoce el legado de sus antepasados aztecas y mayas, tanto que la clase pudiente de procedencia europea ha ido cediendo al sentimiento de pertenecía a este país, consolidando la unidad de esta nación al sur de EEUU. Este es uno de los factores que contribuyen a que el gobierno mexicano, en todos los niveles y en casi todas las áreas de administración pública cuente con personal imbuido con la actitud de proteger o de ser posible anteponer los intereses de su país, frente al de otras naciones. Ese nacionalismo tan propio de la sociedad mexicana que llega hasta las más altas esferas del poder político, también fue un factor importante durante las negociaciones del

Tratado de Libre Comercio con Canadá y EEUU.

Cada nación procura proteger lo que creen constituye un área vital en su economía hasta citando razones de seguridad nacional, en ese reglón México le dedicó especial énfasis a la inversión extranjera para lo cual legislo con especial esmero y dedicación. Aunque mucha de la legislación es de tono liberal, en el sentido que está orientado a promover la inversión extranjera en vez de regularla, existen todavía tres categorías con marcadas reglas de juego "a la mexicana."

La primera categoría es de Actividades Reservadas de manera exclusiva al Estado, entre las que destacan las actividades alrededor del petróleo y otros hidrocarburos, petroquímica básica, electricidad, energía nuclear, correos, como también control de puertos y aeropuertos entre otros.

La segunda categoría se refiere a Actividades Económicas Reservadas de manera exclusiva a mexicanos o sociedades mexicanas con cláusula de exclusión de extranjeros que básicamente restringe la inversión foránea en transporte terrestre nacional de pasajeros, turismo y carga, comercio al por menor de gasolina, servicios de radiodifusión y televisión (excepto televisivo por cable), uniones de crédito, banca de desarrollo y ciertos servicios profesionales técnicos.

La tercera categoría incluye Actividades y Adquisiciones con regulación específica, la cual establece límites a la inversión foránea con topes del 10%, 25%, y 49% en una gran variedad de actividades económicas en las cuales se incluyen por ejemplo, transporte aéreo, seguros y finanzas, sociedades financieras, pesca, periódicos y hasta algunos servicios portuarios. Casi el 90% del comercio exterior mexicano en los 90s se realizaba con Estados Unidos. Suele decirse que el recurso natural más importante de México, es su frontera con EEUU.

No hay duda que esta relación ha significado una gran ventaja para el desarrollo de México. Hay más de 25 millones de mexicanos en los EEUU y las remesas que envían a sus parientes es una importante fuente de divisas que ingresan al país anualmente. Además la mayor parte del inmenso turismo que ingresa a México proviene del país norteamericano.

Uno de los países Latinoamericanos que cuenta con una clase media importante es México. Debido a la derecha popular, PRI pudo gobernar por varias décadas y el PAN-Partido Acción Nacional, en dos ocasiones de manera consecutiva. Cabe destacar que ambos partidos están muy alejados de la izquierda. México, a pesar de los augurios en contra, aun presume de una economía con atractivo suficiente como para asegurar inversiones de sus vecinos del Norte, Asia y Europa. Eso confirma que una actitud pragmática en la conducción de la economía estatal no necesariamente tiene que estar divorciada de los intereses de la república para lograr éxitos a nivel macroeconómico y más bien refuerza esa sabia predica: Tanto mercado como sea posible y tanto estado como sea prudente.

Recomendable leer...

"El Tratado, puntualizó, permitió a México colocarse como actor relevante en las cadenas productivas globales de valor, como el primer exportador de manufactura de **América Latina con casi 60%** y vender al exterior diariamente 1,000 millones de dólares, es decir, un millón de dólares por minuto. En promedio, preciso, México exporta más que todos los países de América Latina, incluyendo Brasil" (El Economista, *TLC cumple 20 años con un México beneficiado: SE)*

"El jefe de fracción de ARENA declaró que el documento que presentó la Comisión de la Verdad fue manipulado por los grupos de izquierda. Además el diputado dice no creer en la probidad del vicepresidente para hablar sobre la derogación de la ley de Amnistía General" (Gabriel Garcia, *Desclasificaran archivos de Comisión de la Verdad*)

BASICO

•Creemos firmemente que la patria es de todos, tiene carácter confluyente y aleatorio porque constituye una coincidencia de vertientes políticas de origen y pensamiento único, sólidamente unidos por un mismo objetivo: trabajar y luchar para hallar un método de solución a los problemas económicos, sociales y políticos tanto a nivel nacional, como también regional y distrital con resultados útiles y provechosos para todos.

•Creemos en la protección y defensa del individuo como elemento único y básico del componente político, social y económico de la república. Por tanto su derecho a la vida, a la libertad, a la propiedad privada y a la seguridad es inalienable e impostergable.

•Creemos en el compromiso a promover y defender los derechos ancestrales de las distintas etnias, comunidades originarias y campesinas, alentando un ambiente de incorporación político-cultural, respetando sus usos y costumbres, mientras estos no afecten el desarrollo armonioso y equilibrado de la patria de todo, pero en cambio contribuyan a enriquecerlo.

•Creemos en el apoyo y promoción de las instituciones representativas de trabajadores, profesionales y empresarios, como también las organizaciones indígenas, campesinas y de economía emprendedora.

•Creemos que el uso racional y sostenible de los recursos naturales del cual dispone el país, resultará en equilibrio ecológico y desarrollo económico respectivamente sin consecuencias irreversibles al medio ambiente.

•Creemos en la deliberación, la concertación y la negociación política como instrumentos prácticos y útiles a disposición del estado, pero con representaciones legítimas y reales.

•Creemos en impulsar el liderazgo juvenil y su participación directa en los distintos procesos políticos, sociales y económicos que determinan los destinos del país por ser el propósito, la constante renovación de los cuadros técnicos y políticos de la república.

•Creemos en el apoyo a la defensa irrestricta de los Derechos Humanos de todos los ciudadanos, sin distingos ni preferencia alguna.

•Creemos en la promoción del modelo económico que se ajuste a las singulares particularidades del país, de manera práctica y útil, pero también sin poner en peligro las funciones de un estado avizor. Tanto mercado como sea posible, tanto Estado como sea prudente.

•Creemos con firmeza que programas de capacitación para fortalecer líderes y alimentar cuadros técnico-políticos son necesarios y vitales para una exitosa transición generacional.

•Creemos en la celebración de un Congreso mundial de partidos, agrupaciones, movimientos y similares de derecha para discutir y compartir experiencias afines que nutra y fortalezca a todos.

•Creemos que la globalización es una oportunidad para el desarrollo económico, social, político y cultural de todos los que participen en ella.

•Creemos en impulsar, dentro del marco de las relaciones internacionales, la integración regional, el respeto por la autodeterminación de los pueblos, la defensa de la soberanía nacional y la libertad.

•Creemos en un régimen político que procure los medios legales y políticos para el desarrollo de un país con economía emergente.

•Creemos firmemente que una nación solo alcanzará su pleno desarrollo económico, social, cultural y político cuando se impongan lo mejor de los valores cívicos, éticos y patrióticos de individuos y grupos tanto privados como públicos.

•Creemos que las reconocidas instituciones civiles, militares y religiosas son las bases en las cuales se erigen las sociedades más justas, fuertes y avanzadas del mundo actual.

INDICE

En Memoria de Don Augusto B Leguía